高职院校思想政治理论课实践指导训练教材

U0890959

《思想道德修养与法律基础》实践指导训练

（2018年版）

主　　编　李晓萍　汤　艳　刘俊芳
副主编　刘志芬　陈梦薇　刘　跃　张余进

东南大学出版社
·南京·

内 容 提 要

《〈思想道德修养与法律基础〉实践指导训练》一书，从目前高职学生面临和关心的实际问题出发，遵循思想政治课实践教学的基本原则，运用实践课教学的基本方法，力求突出实践课教学的训练设计的可操作性，紧紧围绕"人生的青春之问"等六个方面内容，通过设计的"实践能力目标""经典案例思考""经典视频思考""推荐活动主题"等四个栏目对学生进行训练，并通过工作实践中常用的实践项目对学生进行指导演练，旨在着力提升《思想道德修养与法律基础》理论教学的实际效果。对引导学生在思想道德修养和法律基础知识方面进行自主探究、积极主动地获得思想道德修养的提升与发展具有积极意义。本书也是广大思想政治理论教育工作者的良师益友。

图书在版编目(CIP)数据

《思想道德修养与法律基础》实践指导训练/李晓萍，汤艳，刘俊芳主编. —南京：东南大学出版社，2016.7（2019年修订重印）

ISBN 978-7-5641-6609-0

Ⅰ.①思… Ⅱ.①李… ②汤… ③刘… Ⅲ.①思想修养—高等职业教育—教学参考资料②法律—中国—高等职业教育—教学参考资料 Ⅳ.①G641.6 ②D920.4

中国版本图书馆 CIP 数据核字(2016)第154748号

《思想道德修养与法律基础》实践指导训练

出版发行	东南大学出版社		
社　　址	南京市四牌楼2号	**邮　编**	210096
出 版 人	江建中		
网　　址	http://www.seupress.com		
电子邮箱	press@seupress.com		
经　　销	全国各地新华书店		
印　　刷	大丰市科星印刷有限责任公司		
开　　本	787 mm×1 092 mm　1/16		
印　　张	11.25		
字　　数	274千字		
版　　次	2016年7月第2版		
印　　次	2019年1月第5次印刷		
书　　号	ISBN 978-7-5641-6609-0		
定　　价	33.00元		

本社图书若有印装质量问题，请直接与营销部联系。电话(传真)：025-83791830。

前 言

《思想道德修养与法律基础》是全国高校大学生思想政治理论公共必修课，也是对高职院校学生进行思想政治理论教育的重要内容之一，根据中共中央宣传部、教育部的统一部署和要求，我院从2005级学生开始全面开设该课程，从开设之始，本课程严格根据《〈中共中央宣传部教育部关于进一步加强和改进高等学校思想政治理论课的意见〉实施方案》(教社政〔2005〕9号)和《中共中央国务院关于进一步加强和改进大学生思想政治教育的意见》(中发〔2004〕16号文)精神制订教学大纲和教学计划，并认真贯彻执行《中共中央宣传部教育部关于进一步加强和改进高等学校思想政治理论课的意见》(教社政〔2005〕5号)文件中关于"加强实践教学……通过形式多样的实践教学活动，引导学生研究分析社会热点，提高学生思想政治素质和观察分析社会现象的能力"等精神，结合高职学生的特点，制订实践教学计划和内容。《思想道德修养与法律基础》教材会随形势政策的变化而每隔一段时间进行修订，自2006年第一版至今已修订多次，我院编写的实践指导训练亦会根据修订体例进行相应调整与修改。

2018年4月，《思想道德修养与法律基础》教材再次修订，并投入教学使用。根据《新时代高校思想政治理论课教学工作基本要求》的通知》(教社科〔2018〕2号)文件"从专科思想政治理论课现有学分中划出1个学分，开展本专科思想政治理论课实践教学"的要求，结合新教材章节的变化，本书亦进行再次修订。本书的每章节按"实践能力目标""经典案例思考""经典视频思考""推荐活动主题"四大模块进行精心设计和组织实践教学活动，突出课程的政治性、思想性、现实性、针对性，强调实践教学中学生的主动性、积极性和创造性，启发学生思考社会现实问题，通过团队主题活动和探讨，提高学生分析问题和解决问题的能力，真正做到让思想政治理论课更接近生活、更贴近学生、更通俗易懂。

教学方法多样。本书通过实践项目化引导学生的主观能动参与意识，该实践教学设计是我院"SCBE"教学改革发展的新成果，通过团队合作模式、实践主题项目探究，以"精彩案例鉴赏""社会调查""模拟社会情境""活动主题"等实践方法，让学生了解社会实际，培养学生关注和参与社会发展的意识和能力，使高职生在实践活动中受教育、长才干、增强团队合作和社会责任感。

教学内容周详。本书依托教育部指定教材《思想道德修养与法律基础》(2018年版)的章节脉络主线来设定相关实践项目任务,通过资料查询、视频鉴赏、案例分析、主题讨论、主题演讲、主题辩论、人物访谈、课外调研、室内室外拓展训练、心理测试与训练、听庭审、模拟法庭、心理剧等多种实践形式,丰富学生实践活动内容,让学生在实践中感悟、在感悟中思考、在思考中升华,使思想政治理论课不仅进教材、进课堂,更深深进入学生头脑。

本书以高职生为主要使用和阅读对象。高职"工学结合"的人才培养模式决定了其偏重"以能力为本位"的教育特点,高职生作为当代社会十分宝贵的人才资源,从立足国家和民族的高度上来看,其思想政治理论素养显得尤为重要。本书是以高职生的育人特点为依据,通过设计实践案例或主题,将高职生实践与专业学习结合、与择业就业结合、与创新创业结合,引导学生对专业和社会经济发展等相关问题进行探讨,思考人生、思考社会、思考责任。

本书能为从事高职教育的思想政治理论课的教师提供教学借鉴。"课堂不只是说教,学习不只为考试",思想政治理论课实践教学设计要突出因材施教、以生为本的原则,从事思想政治理论实践教学的教师要密切结合学生的知识特点、能力特点和专业特点,多层次、多形式通过有目标、有主题的实践活动,对高职生进行社会主义核心价值的主流社会意识形态的灌输和教育,增强高职生的国家"主人翁"意识和社会责任感,从而引导他们做社会主义的"四有"新人。

最后,衷心希望实践指导训练一书能真正得到广大高职学生和从事思想政治理论教育教学同行们的喜爱和青睐,我们也必将永远以一个教育者的良知,一如既往地不断以服务学生为核心,让《思想道德修与法律基础》课程的实践教学更加有实效、更上一层楼。

本书编写组

目 录

第二部分　实践项目演练

第三部分　实践报告册

第一部分

实践项目指导

第一章
人生的青春之问

一、实践能力目标

1. 能够树立正确的世界观、人生观和价值观，正确看待自我价值和社会价值实现的统一性。

2. 能够正确认识和处理生活中的困难和问题，保持认真务实、乐观向上、积极进取的人生态度。

3. 能够辩证对待人生矛盾，创造有意义的人生。

二、经典案例思考

案例1　为什么而活

A. 高校大学生自杀门事件：象牙塔也孤单

据世界卫生组织提供的数据显示，全球每年大约有100万人死于自杀。我国每年约有28.7万人死于自杀，自杀已经成为我国人群第五大死因，是15岁到34岁青壮年人群的首位死因。近期发表在《加拿大医学协会期刊》上的最新研究显示，自杀可以传染，尤其是在青少年人群当中。

百度搜索结果显示，3～5月是自杀高峰期，而高校自杀事件所占比例逐年上升。黑色病毒来袭，如何驱散阴影？我们一起来探究……

2015年"五一"小长假期间，传出"人大又有学生跳楼"的消息。5月2日下午，中国人民大学有一名男生在宿舍楼坠楼死亡，坠楼具体原因尚不明确。然而，此次坠楼事件与4月7日中国人民大学一男生跳楼事件仅仅隔了一个月。频发的跳楼事件让人不得不关注当今高校学生的心理状态。

其实，"大学生跳楼自杀事件"绝对不是个例。不仅仅是中国人民大学，在很多其他的高校，也发生过类似的学生自杀事件。前段时间，西安交大博士研究生杨宝德溺水身亡，武汉理工大学研究生陶崇园跳楼自杀。2015年，天津师范大学大一学生吴某，因被查出患乙肝而孤立，在学校单间宿舍烧炭自杀；2014 年，中山大学历史学系硕士研究生蔡某在宿舍内自缢身亡，死者在遗书中称，毕业论文、找工作困难重重，无颜面对家人；2014 年，东南大学一大四男生坠楼身亡，有同学猜测是为情所困……

近段时间大学生自杀事件，时间之密集让我们瞠目结舌，到底是什么原因导致这些身处象牙塔的天之骄子选择以自杀的方式结束自己的生命呢？当发现身边的人有自杀倾向的时候，我们又该做些什么来阻止悲剧的发生？带着无比沉重的心情，让我们一起来探究自杀背后的“死亡黑手”。

导致大学生自杀的原因是多种多样的，很大一部分是因为社会心理因素，如情感受挫、工作压力大、抗挫折的能力弱等，尤其现在的学生有良好的生活环境，一切都是父母帮助安排好的，一旦遇到挫折，就很难面对，甚至走向歧路。

大学生自杀常见的几种原因：

1. 心理障碍

其实每个人都有一定的心理问题，关键看个人如何调节，如何释放。做的好则问题迎刃而解，反之则会引向极端。当大学生在生活或学习的过程中，遇到了困难或挫折。有的可以自我调节成功，但有些则不能，这些人往往在心理上出现觉得无能力、无希望、无帮助的“三无”心理疾病。如果此时仍没人开解其问题，就会产生自杀的冲动。每个人都会产生冲动，这就需要有冲动控制或者冲动引导机制，或者由于外部事物将构成冲动的精神能量释放，反之，则易发生自杀情况。

2. 生理疾患

我们大部分人无生理问题，但无法避免这种人的存在，大部分天生的疾患是无法改变和治愈的。其中有些人顶着别人异样的眼光，跨过高考的羁绊，进入了大学。但随着年龄的增加，自我意识越来越强，这种压力会逐渐增大。他(她)可能就会越来越觉得自卑，觉得命运的不公平，继而产生轻生的念头，最终酿出悲剧。

3. 学习和就业压力大

这种现象往往在觉得学校或者专业比较好的同学中出现比较多。一般情况下，当某个学生考入好的学校时就会觉得就业前景比较好。当面临的事情发生变故时，如成绩落后、学的专业不满意……有些同学就会受不了。可能会觉得对不起家人或觉得将来无法找到好的工作，感觉上学已经没有用了，而回家又觉得丢人，就会产生轻生的念头。

4. 情感挫折

情感挫折是大学生自杀的又一重要原因，有 40%的大学生自杀都是因为恋爱失败！不管是被遗弃或者是结束一段感情，不管是责任在对方还是在自己，他(她)没有能力收拾好这个残局，就是没有能力处理这种所谓的问题和困难，大学生这部分比较弱的。

5. 经济压力、家庭因素

这两个方面的影响可以说是相并的。经济压力往往来自于家庭，当父母所创的家境不好时，这种压力无形产生。家庭因素还包括父母离异造成的家庭创伤，作为儿女的无法承受这种现实，并且在父母离异后，双方往往会减少对子女的关怀，造成儿女心理偏差。再就是父母对子女过分干预，把自己的意愿强行加给子女，而忽视了子女实际情况及他们的内心感受，造成他们心灵的创伤。

环境适应不良、媒体诱导和周边生活环境影响等也是造成大学生自杀不断增多的原因。大多自杀者都性格内向，不善于与外界环境交流、联系，这些信号的覆盖范围很小，也难以引起人们的注意，所以应加强关注力度。

减少大学生自杀，应从三方面来下手：

每一个家庭，将孩子从幼儿园起，培养成高学历人才是如此不易，减少大学生自杀，提高大学生心理素质，从国家、社会、学校方面来讲，提出以下建议：

一是要重视校园社会生态环境，建设和谐校园；二是加强一般心理健康教育工作，全面提高学生心理健康水平；三是加强对大学生中自杀高危人群的监测；四是加强家校沟通，共同维护学生心理健康；五是重视对学生精神疾病的治疗，着力于大学心理咨询中心的建设。

总结：象牙塔中的白衣少年也有孤单，大学生群体也需要呵护。每一个生命都来之不易，在化蝶远去时，如果能够考虑到自己的父母亲人，是不是能够幡然悔悟？

（资料来源：百度搜索，http://tieba.baidu.com/p/2810577100，2015-11-23，18:30，有修改）

B. 何国英最后的答辩：一个女硕士的生命绝唱

广西大学动物科技学院2002级研究生何国英，一个28岁的女孩，几年间被绝症一再光顾，两次大手术、数十次化疗，使这个身高一米六的女孩体重剩下不到70斤，像风中之叶。

何国英文静、瘦弱，却语出惊人："我是一个顶天立地的巨人！"此时，正是癌细胞再次向她袭来之际。她以惊人的毅力，一边定期治疗，一边苦攻学业，和其他同学一道正常完成了学业，硕士论文获得优秀。论文答辩后的第34天，她安静地离开了人世，微笑着以"优秀"完美谢幕。

新华网南宁7月27日电（"新华视点"记者杨越）2005年6月10日，一场特殊的硕士论文答辩会在广西大学进行：会场是特别设置的，由三楼改为一楼，答辩桌高度也特意调低。会场外，一辆救护车正在默默守候。

上午10时，一个坐在轮椅上的女孩被人推进来。她开始宣读自己的论文。

除了她细弱的声音，会场上一片寂静。

读了十来分钟，女孩猛地咳嗽起来，呼吸困难，现场医护人员紧急输氧。但她咳得实在太厉害，只好由师弟廖志超代读，她在一旁补充。伤感向每一个人袭来，有的人背过身去，偷偷抹泪。

一个多小时，对于这个面对死亡的女孩来说，是如此漫长。答辩结束了，评委一致认为，论文设计合理，有较高的学术价值和应用价值，总评分优秀。

掌声持久、热烈。女孩苍白的脸上露出了笑容。1个月零4天后，她安静地离开人世，微笑着以"优秀"完美谢幕。

她告诉人们什么叫"坚强"

1997年，来自广西横县一个贫困山村的何国英考上了广西大学。读大二时，她被诊断出直肠癌，但她从未放弃。2002年，大学毕业一年的何国英以优异成绩考上广西大学动物科技学院研究生，主攻动物营养与饲料科学。

然而，厄运之箭再次射向这个姑娘。当年11月底，她肺部出现癌广泛转移。短短两年多，四次化疗、一次大手术，每次化疗疗程2至3个月。疼痛，呕吐，头发脱落，身体极度虚弱——何国英承受着难以想象的折磨。

然而，何国英对指导老师说："我是一个学生，学业上不需要特殊对待。"身体稍有好转，她就捧起课本补习功课，戴上耳机听英语，住院期间还参加了英语六级考试。她不但和其他同学一道正常完成学业，还和导师共同完成了两篇高质量的论文。

2005 年 5 月底，病情恶化的何国英不得不再次住进医院。而 6 月 10 日对她是个重要的日子，硕士研究生毕业论文答辩在这天举行。

考虑到实际情况，学校表示她可以不答辩，也可以把答辩会场搬到病房。然而，对何国英来说，在严肃的氛围中按照标准的程序答辩，有老师和同学在场，才是完整的。她含泪央求医生和导师满足她的愿望。

10 日，何国英早早起床，精心梳了头，还别上了自己心爱而许久没佩戴的发卡。几个师妹师弟和老师专程到医院接她，医院派出 3 名医护人员，带上急救药品和氧气，用救护车把她送到学校。

"在第一关校外专家盲评阶段，她的论文就是优秀。无论从学术上、应用上都很有价值，在这个领域有突破，优秀当之无愧。"导师夏中生说，自己从教 20 年，从没见过这么坚强的学生。

"希望大家不要为我难过"

何国英不长的遗书中，有这样一句话："使命已经结束，我可以离开了，希望大家不要为我难过。"

何国英家在农村，村子人多地少，家里只有两亩多水田。靠着父亲外出打工、东挪西借，她和弟弟才读完了大学。农村的贫困，从小就深深烙在她的心底。

研究生论文，何国英选择了一个很"土"的课题："非常规饲料——构树叶的营养价值评定研究"。她对导师说："我家在农村，我喜欢这个'土'课题，构树叶在广西农村到处都是，如果能做成饲料，让农民用很低的成本养猪养鸡，不就可以帮助农民脱贫致富了吗？"看着眼前这个身患绝症的学生，导师无言，嘱咐了一句：这个研究很辛苦，多注意身体。

2004 年 7 月，何国英开始了她的硕士论文研究。而此时，她正受着癌细胞的袭击，整夜睡不着，只能坐着。

"癌痛像刀割一样，不是一下，而是持续性的。在这种持续不断的疼痛中，一般人是熬不下去的。"何国英的主治医生、广西医科大肿瘤医院化疗科主任胡晓桦说。

在这种刀割般的疼痛折磨中，何国英开始了异常艰辛的科学研究。

做动物消化实验需要从事大量体力活，首先要自己养鸡养猪，每天搬饲料、调和，然后喂猪、鸡，还要收集鸡、猪的粪便、尿液，打扫鸡舍、猪舍，又脏又臭；天气热，每天要给猪冲十几次水；消化实验要煮树叶，一煮就是几个小时，人不能离开。师妹刘丹说："师姐带着我们从宿舍到鸡场，骑车 20 多分钟，两三个月风雨无阻。每天从早到晚，从鸡场回来再回到实验室做实验，正常人都累得不行。"

"师姐很文静，话不多，很少向我们诉说，但我们可以感受到她的苦痛。"实验后期，刘丹几乎每天都陪在何国英身边，"实验室在五楼，她要爬大半个小时，走一步休息一会。本来喂小白鼠可以交给我们做，但她每天都来自己喂。常常在实验室泡到半夜，那是她疼得受不了，睡不着，就来做实验。"

2005年三四月份，实验进入关键时期。她剧烈地疼痛，呼吸困难，咯血。她把氧气瓶搬到实验室，一边做实验，一边吸氧。

有人惊异于这瘦小的身躯何以蕴藏这么巨大的能量，她的弟弟说："姐姐最大的心愿是用她的研究造福农村，让农民受益。"

在生命的最后阶段，她恳求过医生："你一定帮我顶住，答辩完论文，我才可以安心离去。"

生命的葫芦丝

2004年初冬的一个晚上，何国英偶然在学校的一次音乐活动上听到老师卓有权吹奏流行于傣族等少数民族地区的葫芦丝，顿时泪如雨下。那山泉般的乐声打动了她。后来，她告诉卓有权，每次听葫芦丝，她都有一种神奇的感受，那一刻连疼痛都消失了。

葫芦丝成了她生命的一部分。为了减轻疼痛，她开始学习葫芦丝。一次，她剧烈地咳嗽、吐血，卓有权叫她别吹了，她摇摇头："不。"卓有权说：这瘦弱的女孩好比葫芦丝，朴实无华，却充满生命的张力。

疼痛持续的时间越来越长，何国英已无力吹奏葫芦丝。卓有权每次去看她，都用葫芦丝流出的音乐为她疗伤痛。6月7日，葫芦丝最后一次在病房响起，那是她最喜欢的一首《祈祷》：让我们敲希望的钟啊，多少祈祷在心中，让大家看不到失败，叫成功永远在……

师妹们说，师姐漂亮、清纯，如果不是因为病痛的折磨，绝对是个美女，"但为了不给家里增加负担，师姐生活很简朴，很少看她买东西，几件衣服换来换去。平时自己买菜做饭"。

没有人知道，钱对于何国英意味着什么。为给她治病，家里欠下十几万元的债。"常人难以忍受的苦痛，她独自默默地扛着，由于经济压力，她只服用普通的止痛药。"身为医生，胡晓桦深感痛心无奈。

在何国英生命最后的两个月，父母日夜守护着这个从中学就离家的女儿。本来，何国英怕父母担忧，又花钱，瞒着他们住进医院。是同学们偷偷从她手机里找到弟弟的电话，父母得知后匆忙赶来。

弟弟说，两个月，姐姐从没在父母面前说过一个"疼"字，喊过一声，流过一次泪。疼得受不了，咬着牙，双手紧紧抓住床沿。

入院前，她已经两个星期几乎吃不下任何东西，呼吸困难、呕吐，疼痛排山倒海而来。她的主治医生胡晓桦问，为何现在才来？答案让胡晓桦眼窝一热：一住院，惊动太多人，导师、同学都尽了很大努力，他们也是这里挤点那里挤点，我不能给他们增加太多负担。

大爱无欲。在她的遗书里有如下内容：财产3 000元，一部分给父母，一部分捐给失学儿童；内脏器官如果能用，就捐献给医学。

7月12日，何国英去世前两天，刘丹和几个师兄妹去看她。"师姐手里拿着MP3，全身苍白，身体像一片纸，拼命呼吸，只是微笑了一下。"刘丹说，她用尽最后一口气，给这个世界留下两个字："谢谢"。

（资料来源：搜狐教育，http://learning.sohu.com/20100415/n271535261.shtml，2015-11-23，18:30）

【思考】

什么是成功？什么是幸福？人生存的意义是什么？

案例2　法国最严重恐怖袭击　全国进入紧急状态

新华网北京11月14日电　据新华社报道，法国首都巴黎当地时间13日晚发生多起恐怖袭击事件。据法国媒体报道，在恐怖分子枪击和爆炸中已有至少120人死亡，另有数十人受伤。法国总统奥朗德宣布全国进入紧急状态并立即加强对边境管控。

法国BFM电视台的报道说，13日晚，在巴黎10区、11区等地至少发生了6起枪击事件，造成数十人伤亡，袭击者在逃。电视画面显示，大量警察和消防救援人员已经抵达并封锁了现场，抢救伤员的工作正在进行。巴黎市政府呼吁市民尽量不要外出。

在位于巴黎11区的巴塔克兰剧院，多名武装分子13日晚劫持了正在剧院观看演出的观众并与警方展开对峙。当地时间14日凌晨，法国安全部队向剧院展开突击，目前剧院已有约70人死亡。

此外，位于巴黎北郊的法兰西体育场附近13日晚发生了3起爆炸事件，至少造成3人死亡，10人受伤。爆炸发生时，体育场内正在进行法国国家男子足球队与德国国家男子足球队的友谊赛。据悉，比赛进行过程中，体育场可听到清晰的爆炸声，但比赛秩序并没有受到影响。比赛结束后现场部分球迷走上草坪寻求庇护，球场内没有出现骚乱。

获悉枪击爆炸事件消息后，法国总统奥朗德、总理瓦尔斯和内政部长卡泽纳夫在内政部举行紧急会议。随后，奥朗德发表电视讲话，称数小时前发生在巴黎的系列枪击爆炸事件是“史无前例的恐怖袭击”。

奥朗德说，13日晚发生的系列枪击爆炸事件已造成百余人死亡和大量人员受伤，法国政府将“动员一切可以动员的力量”消除恐怖分子，在如此的恐怖行径面前，法国应该表现得更为“强大”“团结”和“冷静”。

奥朗德宣布法国全境进入紧急状态，并加强边境管控。

（资料来源：新华网 http://news.xinhuanet.com/world/2015-11/14/c_128428327.htm，2015-11-24，22:00）

【思考】

什么是生命，如何对待生命？

案例3　成都“奔跑女孩”路玉婷感动中国

成都女孩路玉婷，因父亲长年在外，母亲患尿毒症，一边上学一边骑车送机票维持一家生计，还要照顾年迈多病的外婆，被媒体称为“奔跑女孩”。2012年，路玉婷被中央电视台《向幸福出发》栏目主办的“身边好人·温暖中国”活动评选为“身边好人”。2013年，央视“寻找最美孝心少年”评选再次聚焦这位坚强女孩，授予她2013年“全国十佳最美孝心少年”荣誉称号。央视一套综合频道11月8日晚播出颁奖典礼。

送机票本来是妈妈的工作，妈妈的尿毒症加重后，路玉婷主动接过担子，每天早上把机票送到客人手中后再上学。外婆身体不好，路玉婷每晚都要起床扶她上几次厕所。学校、家里、送票,让她每天像打仗一样来回奔跑。

路玉婷的手机屏幕上,一直放的是妈妈微笑的照片。10 月 19 日,病情恶化的妈妈撒手人寰。但坚强的路玉婷没有忘记自己的责任。早上 6 点 30 分就起床照顾外婆,给老人家热牛奶、冲鸡蛋。7 时 30 分到学校上早读课,课间、中午别的同学休息,她抓紧时间做作业。晚上 8 时 30 分下晚自习回家,照顾外婆上床休息后,她又开始用功读书。10 月月考,她考了全班第六名。“这是个坚强乐观的孩子。”路玉婷的班主任朱君说。今年开学前,她半夜起床扶外婆上厕所时摔伤髌骨,医生建议休息半月,学校也建议她伤好后上学,但她 8 月 29 日在妈妈的陪伴下,坚持坐着轮椅到学校。朱君请几位同学帮路玉婷推轮椅、打饭、洗碗,扶她上厕所。“不用,我自己来。”只要她自己能做到,基本上都拒绝。9 月中旬,班上组织“放飞梦想”主题班会,她的梦想是:和家人一起快快乐乐幸福生活。

在同学中,王馨宜和路玉婷是走得最近的。“她是一个做什么都很认真的人,而且什么都打不倒她。”王馨宜说,前不久路玉婷的妈妈过世了,但她的学习依然没有落下。有一天实在太累了,她跟老师请假回去睡了一觉,晚上又到学校上自习课来了。“对我来说,这份荣誉没什么好骄傲的。我只希望和其他同学一样,好好学习、生活,考上大学。”面对媒体,路玉婷显得很平静。

路玉婷所就读的成都树德协进中学表示,将尽力帮助路玉婷,为她提供一个良好的学习生活环境。学校免除了她的学杂费、书本费,还免费提供就餐和校服。

(资料来源:向朝伦:《成都“奔跑女孩”路玉婷感动中国》,《四川日报》,2013-11-09)

【思考】

路玉婷的身上体现了当代大学生的哪些优秀品质?

案例 4 赵家和:一位清华教授和他的生命选择

陇东黄土高原沟壑纵横,广袤辽远。五年来,2 204 名中学生收到来自兴华青少年助学基金会的助学资助。

打开“兴华青少年助学基金会”网站,有一封来自甘肃省庆阳市合水县一中一名高三学生的信:

“直到我在那所会议室里遇到了您,从此朝思暮想的大学梦有了坐标,沉重的生活被赋予新的意义……”2012 年 2 月,甘肃兴华青少年助学基金会由已故清华大学经管学院教授赵家和捐出毕生积蓄 1 500 余万元成立。学生口中的“您”正是赵家和的“接棒者”、清华大学经管学院原党委书记陈章武。

是怎样的力量驱动着赵家和将毕生积蓄全部捐出?又是什么让这位金融学家癌症晚期拒用进口药、一生节俭几近悭吝?

节俭,但慷慨

1934 年,赵家和出生于清华园,父亲曾是清华大学法学院系主任。1955 年,拿到清华大学第一届“优良毕业生”奖章,无线电系毕业的赵家和留校任教。

明明有好多理由享受安逸,他的日子却过得“能省则省”。

赵家和生前的寓所里,值钱的物件不多:一个简陋的二门书柜,一张床,一台桌椅,摆放着各地的纪念品，也有年头了。

学生们说，他的生活特别朴素简单，过了一辈子“精打细算”的日子。一件1美元的化纤毛衣能穿个十几年，没见过他对身外之物有什么兴趣，好像基本生活能满足就行了。

1998年，退休后的赵家和应邀去美国，担任得克萨斯州立大学客座教授。赵家和一家常常挑最便宜的鸡腿吃，啃法棍面包，他的老伴吴嘉真后来说，再也不爱吃鸡了。

陈章武说，癌症晚期，赵老师舍不得上单片价格500元的英国进口药，他听说印度有一种仿制药，单价仅需50元，赶忙托人打听去买，可这药却让他浑身过敏，日渐消瘦……

这一切，实在很难与捐资上千万的慈善者的身份联系起来。

赴美满三年后的赵家和，最终还是放弃了在美待遇丰厚的工作，执意回国。后来，他的学生们才逐渐明白埋藏在赵家和心底的助学梦想：他的心思已飞到中国西部那些贫苦孩子的身上。

绝顶聪明，却不问账目

当时在清华大学科研处工作的赵家和，曾被派到美国选购计算机和先进的仪器设备。陈章武说：“那是世界银行提供给清华的第一批无息贷款。”

“当领队，做翻译，兼任技术顾问，白天谈判，夜间商议。”陈章武描述道，二十多天的连轴转，赵家和终于以大约一半的市场价完成采购，“他真的是绝顶的聪明人”。

据赵家和的学生、兴华青少年助学基金会理事刘迅介绍，1998年，当时从事股票投资的他在深圳巧遇赵家和教授。“那次，老师给了我一笔钱，让我试试看，在金融界德高望重的赵老师做这笔投资为了什么呢？”

令刘迅更为不解的是，这位“投资人”竟然没过问过收益如何，回报怎样。一直到2005年，又一次相遇时，刘迅向赵老师汇报，“快500万了”。赵家和默默点点头，小声说道，“可以做点事了”。

2006年，第一笔助学款从北京寄出，江西、湖北、吉林、甘肃……中国的版图上，多少在贫穷中苦苦挣扎的农村娃通过赵老师的助推，重燃希望。

“可以说，他赶上了港、陆两次投资潮，完成了不错的资本积累，这些钱全部用于捐资助学。”陈章武说，就连将毕生全部所得全权委托给自己时，他还说着，“尽管去做吧，钱花完了就花完吧”。

无欲无求，而又“很有追求”

提到赵家和的为人，许多受访者以“无私无欲”形容他。

刘迅说，赵家和永远把自己放在一个很轻的位置，极少提及自己的成就和成绩。他像对待朋友一样对待自己的学生，关心他们的近况。

有次，几位学生来北京看望他，他主动掏钱请学生们吃饭，还送他们领带等礼物，这让学生们讶异又感动。“他是一个求仁得仁的人。赵老师的超然而专注，简单而平实，让学生们和身边人不由得跟着他的脚步走。”

“他的执着追求仅用在他认为重要的事情上。”什么是重要的事？赵家和心中有杆秤，那杆秤的指向不是私利，而是国家，是更多的人民。

赵家和曾经的研究生、证监会副主席李超介绍，2002年，已经退休的赵家和挤公共汽车，专程为他送去一套台湾证券法大全，“那书摞起来有一尺厚，老师让我好好读，‘因为大陆和台湾的文化背景相近，学学他们的东西没有坏处’”。

赵家和的追求还体现在他"忘我"的精神志向上。"我们就做一点雪中送炭的事吧。"病榻上的赵家和想要成立助学基金会,好友陈章武临时受命,他决定为了这个愿望去一趟西部较为贫困的甘肃。

那次行程艰难又令人难忘。陈章武见到了许多贫困娃娃,他还见到了许多清华的校友,他们特别支持助学这项事业。

在陈章武等接棒者的坚持下,赵家和找到了"雪中送炭"的对象:贫困地区、优秀高中、困难家庭的上进学生;他为基金会取名"兴华",意为鼓励孩子们为振兴中华而读书。

从此,每年 1 000 个孩子,每所学校 100 个孩子,将在整个高中阶段享受到来自基金会的持续资助:每位孩子一年能获得 2 000 元,总共定向资助高达 200 万元。

"最后的晚霞和最初的晨曦一样,都是光照人间。"赵家和教授以他的人生选择感染了更多的接棒者,"如果是一滴水,就想想是否曾滋润一寸土地;如果是一团火,就想想是否能燃得很亮很亮,照明更多人"。

(资料来源:清华大学,http://news.tsinghua.edu.cn/publish/thunews/10303/2016/20160905141954947258501/20160905141954947258501_.html)

【思考】

1. 赵家和教授为什么会有如此的人生选择?如果是你,你会怎样选择?

2. 赵家和教授的选择体现了什么样的人生观?

案例 5 新东方创始人俞敏洪的创业故事

俞敏洪的个人简介

俞敏洪,男,汉族,1962 年生,江苏江阴人,民盟成员。北京大学西语系毕业,大学学历。1985 年任北京大学外语系教师,1993 年创办北京新东方学校,2003 年成立新东方教育科技集团。

现任新东方教育科技集团董事长兼总裁、民盟中央教育委员会副主任、中国青年企业家协会副会长、中华全国青年联合会委员。俞敏洪领导的新东方教育科技集团目前在全球拥有北京、上海、广州、武汉、西安、天津、南京、成都、重庆、沈阳、深圳、长沙、济南、哈尔滨、襄樊、太原、多伦多、蒙特利尔等地的十八所新东方学校,两家专业研究机构,五家子公司及北美分公司,业务涵盖教育研发、图书杂志出版、在线教育、教学软件开发、文书写作、留学咨询等多个领域。

新东方在美上市,造就了俞敏洪这个新的亿万富翁。有人说他是中国最成功的老师,有人说他是一个纯粹的商人,把这两个角色结合在一起,俞敏洪这条路走得并不轻松。

北京时间 9 月 8 日,新东方教育科技集团在美国纽交所上市,首日收盘于 20.88 美元。新东方董事长、持有公司 31.18%股权(4 400 万股)的俞敏洪的资产一跃超过 10 亿人民币,成为中国最富有的老师。

作为国内最大的英语培训机构,新东方声名赫赫。十几年来,它帮助数以万计的年轻人实现了出国梦,众多莘莘学子借此改变了自己的命运。有人评价说,"在中国,任何一个企业都不可能像新东方这样，站在几十万青年命运的转折点上，站在东西方交流的转折点上，对中国社会进步发挥如此直接而重大的作用。”

这样的赞誉现在看来也许并不为过，但对于创办新东方的俞敏洪来说，当初却根本没有这样的“雄才大略”。

失意的80年代

俞敏洪的授课风格被学生们总结为“激励型”，他常常用到的一个例子就是自己的经历。

1978年，俞敏洪高考失利后回到家里喂猪种地。由于知识基础薄弱等原因，俞敏洪第一次高考失败得很惨，英语才得了33分；第二年又考了一次，英语得了55分，依然是名落孙山。那时俞敏洪并没有远大的志向，作为一个农民的孩子，离开农村到城市生活就是他的梦想，而高考在当时是离开农村的唯一出路。尽管生活条件比较艰苦，俞敏洪仍在微弱的煤油灯下坚持学习。

1979年，县里办了一个外语补习班，俞敏洪挤了进去，这是他第一次学习外语。住在30人一间的大房子里，俞敏洪的感觉就是进了天堂：可以一整天都用来学习了，可以在电灯下读书了。到了第二年春节，俞敏洪在班里的成绩已经进入前几名。

功夫不负有心人，1980年，俞敏洪坚持考了三年后，最终考进了北京大学西语系。

在北大，俞敏洪是全班唯一从农村来的学生，开始不会讲普通话，结果从A班调到较差的C班。大三的一场肺结核又使俞敏洪休学一年，人也变得更加瘦削。

1985年，俞敏洪大学毕业留在北大成了一名教师。接下来是两年平淡的生活。中国随后出现的留学热潮，让俞敏洪也萌生了出国的想法。1988年俞敏洪托福考了高分，但就在他全力以赴为出国而奋斗时，美国对中国紧缩留学政策。以后的两年，中国赴美留学人数大减，再加上他在北大学习成绩并不算优秀，赴美留学的梦想在努力了三年半后付诸东流，一起逝去的还有他所有的积蓄。

为了谋生，俞敏洪到北大外面去兼课教书，后来又约几个同学一块儿出去办托福班，挣出国的学费。1990年秋天，俞敏洪的如意算盘被打碎了：因为打着学校的名头私自办学，北京大学在校园广播、有线电视和著名的三角地橱窗里高调宣布了对俞敏洪的处分决定。对此，俞敏洪没有任何思想准备。

被逼下海

1991年，俞敏洪被迫辞去了北京大学英语教师的职务，为了挽救颜面不得不离开北大，生命和前途似乎都到了暗无天日的地步。但正是这些折磨使他找到了新的机会。尽管留学失败，俞敏洪却对出国考试和出国流程了如指掌；尽管没有面子在北大待下去，反而因此对培训行业越来越熟悉。

离开北大后，俞敏洪开始在一个叫东方大学的民办学校办培训班，学校出牌子，他上交15%的管理费。这一年他29岁，他的目标是挣一笔学费，摆脱生活的窘境，然后像他的同学和朋友一样到美国留学。

卢跃刚在他的《东方马车》一书中生动描述了俞敏洪这段创业经历：他在中关村第二小学租了间平房当教室，外面支一个桌子，放一把椅子，“东方大学英语培训班”正式成立。第一天，来了两个学生，看“东方大学英语培训班”那么大的牌子，只有俞敏洪夫妻俩，破桌子，破椅子，破平房，登记册干干净净，人影都没有，学生满脸狐疑。俞敏洪见状，赶紧推销自己，像是江湖术士，凭着三寸不烂之舌，活说死说，让两个学生留下钱。夫妻俩正高兴着呢，两个学生又回来了。他们心里不踏实，把钱又要回了……

尽管困难重重，但拼死拼活干了一段时间后，俞敏洪的培训班渐渐有了起色。眼看着培训班越来越火，俞敏洪渐渐萌生了自己办班的念头。1993 年，在一间 10 平米透风漏雨的小平房里，俞敏洪创办了北京新东方学校。

俞敏洪说，最初成立新东方，只是为了使自己能够活下去，为了每天能多挣一点钱。作为一个男人，快到三十而立的年龄，连一本自己喜欢的书都买不起，连为老婆买条像样的裙子都做不到，整个家庭无家可归，连家徒四壁都谈不上，自己都觉得没脸活在世界上。当时他曾对自己说：只要能赚到十万元钱，就一辈子什么也不干了。

到今天，新东方已成为中国最大的私立教育服务机构，在全国拥有 25 所学校、111 个学习中心和 13 个书店，大约有 1 700 名教师分布在 24 个城市。目前累计已有 300 万名学生参与新东方培训，仅今年就有 87.2 万名。外语培训和考试辅导课程在新东方营收中所占比例高达 89%，是该公司最主要的营收来源和增长动力。

俞敏洪说，“新东方走到今天，不在我的意料之中，因为最初只是为了糊口，招几个学生办个小小的补习班而已。新东方到了今天，我们就有了更多的期待，希望能够用自己的行为和思想，为中国学生做更多的事，为中国教育做更多的事，为中国未来做更多的事。”新东方为何能从竞争激烈的英语培训市场脱颖而出，俞敏洪说自己最成功的决策，就是把那帮比他出息的海外朋友请了回来。

（资料来源：应届毕业生网，http://chuange.yjbys.com/gushi/anli/541105.html）

【思考】

1. 任何人都只能在一定的主客观条件下去实现自己的人生价值，结合材料分析，俞敏洪创立新东方，并获得成功的主客观条件是什么？

2. “新东方到了今天，我们就有了更多的期待，希望能够用自己的行为和思想，为中国学生做更多的事，为中国教育做更多的事，为中国未来做更多的事。”你怎么理解这句话？

3. 作为一名大学生，应该怎样实现自己的人生价值？

三、经典视频思考

1 《唐山大地震》视频简介

电影《唐山大地震》讲述了一个“23 秒、32 年”的故事。

1976 年，唐山，卡车司机方大强和妻子李元妮，龙凤胎儿女方达、方登过着平凡幸福的生活。7 月的一个傍晚，唐山发生了大地震。为救孩子，方大强死了，方登和方达被同一块楼板压在两边，无论人们想救哪一个，都要放弃另一个。元妮选择了从小体弱多病的弟弟方达，而头脑清醒的方登听到了母亲作出的抉择。这个决定改变了整个家庭的命运，让幸存者陷入一个震后32年的情感困境。

震后，元妮独自抚养儿子，坚强地活了下来，劫后余生的方登被军人王德清夫妇领养，进入了全新的世界。母女、姐弟从此天各一方……对于个人来说，在灾难中生存下来是一种幸运，但不可否认的是，地震所带来的后遗症，不仅仅是震后的生存问题，更可能是伴随终身的心理问题。该片表现了人在灾难面前的脆弱，同时也关注了灾后人们如何释怀并摆脱心灵的枷锁。电影的结局充满了温情，让人从心里感受到温暖，给人带来了生活的希望。

【思考】

尊重生命的真实意义是什么？

2 《杨善洲》视频简介

《杨善洲》是一部歌颂优秀共产党员、弘扬时代精神、讴歌当代基层干部楷模的主旋律电影，该片讲述了原保山地委书记杨善洲一心为民的感人事迹。

开山垦荒的日子是艰苦的，艰苦环境下的快乐更加珍贵。杨善洲看着漫山遍野的树苗心生欢喜，可毒草飞机草却几乎毁掉他们的期待。尽管杨善洲不眠不休找到解决办法，依然蒙受上山后第一次巨大损失。为弥补损失，杨善洲决定种植经济果木，不想却图便宜买了劣质果苗，林场职工两年的劳动化为泡影，杨善洲深刻的自我检讨，为早日还上贷款，从那天起，他开始走上街市，在路人异样的目光下捡果核育苗，在他的带动下，原先怕丢面子的林场职工们都能坦然的上街捡果核。贾祥定期上山送报纸，发现杨善洲人在山上，可心里却牵挂着关注着山下的一切。在山上种树的日子单调而艰苦，有些人走了，更多人还是留了下来。周波从一个懵懂少年渐渐成长，巡山时抓住几个烤红薯的孩子，杨善洲得知孩子不上学的原因是民办老师流失，设计将相关部门干部共同邀约上山，解决问题。此举却将二女儿彻底激怒。二女儿是偏远山寨的老师，从结婚到生子，一直为两地分居烦忧，父亲解决了七十个民办老师的指标却不肯为自己打一个电话，二女儿与父亲之间越发不可调和。

牛长平升任省领导，上山看望杨善洲，发现林场环境与杨善洲给他描述的完全不同，牛长平决定，给林场建房修路。新房建成，路也修好，山上种满了树，时间过去了十七年，这期间杨善洲老母亲去世，外孙阿昌考上大学，二女儿凭借自己的能力考取了理想的学校，也终于理解了父亲对她寄予的期望和爱。周波女友家提出要周波下山才肯结婚，杨善洲做出决定，送周波和另一个患有风湿的场工下山，并祝愿他们生活幸福。周波携新婚妻子上山，杨善洲放心了，这个十八岁就上山的少年已经有责任有担当。杨善洲将林场交接给周波，放心地下山，这一去，他再没能回到他付出全部心血的大亮山。2010年，云南遭遇百年大旱，青翠的大亮山护佑下的保山人未受大旱影响，青山是杨善洲生命的真实写照，流水则讲述着一个共产党人心系人民的赤诚。

【思考】

杨善洲的事迹充分体现了他“服务人民、奉献社会”的人生追求，作为一名大学生，我们从杨善洲的事迹中学到了什么？

③《心灵捕手》视频简介

成长于美国波士顿南区贫民窟的威尔·杭汀（Will Hunting），是位绝顶聪明却叛逆不羁的年轻人。平日里除了在麻省理工学院担任大楼的清洁工作之外，便是与三五个好友在酒吧喝酒、泡妞、整整哈佛的"聪明小孩"；一人独处之时，就"一目十行"地学习各式人文与科学的新知。某天随意解答数学系蓝勃教授所留下的数学难题，随即引起学校师生们的惊异；在与他人打架滋事，并宣判送进少年看护所之后，蓝勃教授便费心地将他保释出来，要求他参与数学研讨与接受心理辅导。蓝勃教授期望威尔能重视并发挥自己的天赋异禀，不再恶作剧、要蠢、吹擂而耗费生命；不过，威尔却毫不在意，经常要弄前来为他辅导治疗的心理专家。

蓝勃教授在无计可施的情况下，只好求助大学好友尚恩出马，开导并救助前途岌岌可危的威尔。尚恩本着"信任是突破心防的关键，不彼此信任就无法坦诚相待"的信念，"不以作之师而以作之友"的心态倾听威尔对知识求问、人际互动、爱情探索、人生信念以及亲情伤害等知性问题与情绪宣泄；日渐抚慰他受创的心灵，帮助他重新拾回对人的信任，并鼓起勇气向女友表达爱意。在此同时，难忘丧妻之痛的尚恩在与威尔彼此"角力互动"的过程中，受到来自威尔莽撞的生命力冲击，亦逐渐开启因丧妻而封闭的心房，重新追寻情感的归宿。

【思考】

如何理解"人最难战胜的就是自己"这句话？

④《郭明义》视频简介

该电影主要讲述的是郭明义的成长历程、工作经历和生活片段，再现了其助人为乐的事迹，向观众展现了其平凡而丰富的内心世界。

郭明义参加工作三十三年，爱岗敬业三十三年。从部队到地方，从矿山汽车司机到党委干事，从外国专家的工作翻译到风里来雨里去的公路管理员，对待每项工作兢兢业业，尽职尽责，做得有声有色，问他为什么，他的回答是："组织上让干啥就干呗。"

他用高度的责任感和敬业精神，查出了进口电动轮汽车的质量问题，让享有国际盛誉的外国公司认短服输，为国家追回了十万美金的损失，并博得了外国专家的高度赞赏，说他是中国最"轴"的人。为了保证公路畅通，十四年来，他每天坚持早出工两小时，晚收工两小时，十年完成了十五年的工作量。

无论何时何地，郭明义总会把温暖送给最需要帮助的人。为了帮助身患白血病的苗苗找到合适的干细胞配型，他在职工浴池里一边为工友搓澡，一边宣传捐献干细胞的意义；为了给一个男孩寻找特殊的干细胞配型，他历时三年，锲而不舍，用真诚和执着挽救了一个年轻的生命。

郭明义三次让房、五十六次献血、常年为希望工程捐款累计十二万元、他几次把自己家的电视机送给别人。在郭明义的眼睛里，总能看到比自己更困难的人。然而，他送给与自己生活了二十多的妻子的节日礼物，却是一枚价值二十八元的戒指。一个企业老板问他为什么这样，他说："党章不是没有变吗？共产党员吃苦在先、享受在后的要求不是没有变吗？"郭明义很伟大，因为，他总是把别人放在心上，把党的宗旨记在心里；郭明义很普通，因为，他做的每件事看上去都是常人能做到的平凡小事。他用积沙成塔的精神，竖起了一座当代雷锋精神的丰碑。郭明义用"润物细无声"的春雨境界，感动着每一个人。郭明义爱心团队不断壮大，活跃在鞍山，活跃在全国，他的精神像一缕强劲的春风，用奉献播撒人间真情。

【思考】

郭明义的幸福观是什么？

四、推荐活动主题

讨论：

1. 如何理解"生命诚可贵，爱情价更高，若为自由故，两者皆可抛"？
2. 你怎么看苏格拉底所说的"未经思考的人生不值得活"？
3. 如何理解主观为自己，客观为别人？
4. 人为什么而活？人应该怎样活着？
5. 俗语道：好死不如赖活。你如何理解？
6. 幸福是什么？
7. 如何理解"三分天注定，七分靠打拼，爱拼才会赢"？
8. 如何理解"人生中最美好的东西是不要钱的"？

演讲：

1. 笑看人生
2. 没有比人更高的山
3. 幸福是奋斗出来的
4. 自我悦纳

辩论：

1. 正方观点：人格的尊严比生存的压力更重要
   反方观点：生存的压力比人格的尊严更重要
2. 正方观点：人为自己活着快乐
   反方观点：人为别人活着快乐
3. 正方观点：人的自我实现过程重于结果

反方观点：人的自我实现结果重于过程

4. 正反观点：有钱就有幸福

反方观点：有钱未必幸福

5. 正方观点：生死关头，生命更重要

反方观点：生死关头，道德更重要

第二章
坚定理想信念

一、实践能力目标

1. 能理解理想对一个大学生成才的重要性，确立自己的人生理想和信念。
2. 能把握时代特征与历史使命，明确大学生全面发展的素质和成才目标的内容。
3. 能确立马克思主义的科学信仰，树立共产主义的远大理想和中国特色社会主义的共同理想。
4. 能用坚定的信念把握实现理想需要具备的条件，树立将理想化为现实的决心和勇气。
5. 能积极投身社会实践，在实现中国梦的过程中坚持社会理想和个人理想的统一。

二、经典案例思考

案例1　姚阿庆——别样人生铿锵路

跟大多数农村家庭的孩子一样，姚阿庆家里并不殷实，唯一和他们不同的是在他大约一周岁的时候患了小儿麻痹症，因治疗不及时导致二级残障。左腿肌肉萎缩，导致血管不通，在过热或过冷的季节中都会糜烂。多年的学习是在疼痛中坚持下来的，加上家境贫寒，饱含无数辛酸。2012年9月，姚阿庆考上了南京化工职业技术学院(现已更名南京科技职业学院，以下简称“南京化院”)，这是他这么多年坚持下来的成果，可面对几千元的学费姚阿庆心里动摇了。开学前，南京化院老师的一通温心电话让这个萌生弃学念想的孩子重新看到了希望。

不平凡的学习路

作为一名贫困生，姚阿庆深深感受到南京化院的关怀和温暖，报到时通过“绿色通道”顺利成为南京化院的一分子。此后，学院还减免了他所住公寓的物品费用，并获得了4 000元的助学金，基本解决了姚阿庆的后顾之忧。他认识到学习是学生的第一要务，没有足够的知识和技能，走出校门将无以立足。浪费了大好时光，不仅辜负了父母的含辛茹苦，也无以回报国家和社会。他十分珍惜这来之不易的学习机会，除了专业学习外，课余时间还经常到图书馆阅读课外书籍。同时为了锻炼自己的动手能力，2012年姚阿庆加入了自控系科创部，通过不断学习和钻研，从一开始学习简单的元器件知识，到独自制作一些电子产品，慢慢接手科技创新工作室的日常运行工作。对学习的浓厚兴趣和长期坚持使他的综合成绩一直排在班级前两名，并于2013—2014学年获得国家励志奖学金。

不自卑的人生路

由于身体残疾，刚刚入学时姚阿庆是一个内向自卑的人，不敢和老师、同学说话。老师了解到这个情况后，常常鼓励并支持姚阿庆参加一些课外活动，如演讲比赛、学生会竞选等。军训结束后，姚阿庆自告奋勇参加班级团支书的竞选演讲。真诚的态度打动了全班同学，获得竞选成功。第一次青年志愿者活动，为了把活动做好，姚阿庆四处奔波。虽然行动不便，但他知道那是作为团支书的责任和义务。那是他第一次和同学们一起参加活动，虽然路程有点远，中途还摔跤了，最终还是坚持到达目的地，活动开展很顺利。对于团日活动他尽心尽力，每次团日活动都会花时间和精力去精心准备，尽其所能让每个同学在每次团日活动中都有所收获，因为那是对同学们最好的回报。

不服输的生活路

生活中，姚阿庆没有因为身体不便去麻烦大家，因为自从初中开始他就开始学着自己照顾自己，自己清洗自己的衣物、自己去食堂打饭。他不喜欢依赖别人，坚持自己的事自己做，从那时开始他就变成了一个独立自强的人。大学里，他遇到了一个新的挑战——爬楼梯。为了和同学们生活学习在一起，他不愿意调到一楼，因此，当其他同学军训的时候姚阿庆就去练习爬楼梯，有几次差点摔下来，但还是坚持爬了上去。努力的成果就是现在他能独自爬上四楼，虽然气喘吁吁，可不需要别人的帮忙，让他很开心。

姚阿庆明白自己的不同注定脚下的路不会寻常，但他坚信只要一步一步、脚踏实地，丰收的季节终将到来，欣慰的是泥泞小路上有搀扶也有别样风景。

（资料来源：方敏：《青春飞扬3：姚阿庆——别样人生铿锵路》，南京化工职业技术学院，网址：http://www.njcc.edu.cn/readnews.aspx?ntype=1&nid=3941）

【思考】

处低谷而力争，受磨难而奋进，这是身处逆境的学问，也是实现理想的必由之路。姚阿庆的事迹给你什么启示，你现在的处境如何，你将如何面对？

案例2 把你的梦想交给自己

19世纪初，美国一座偏远的小镇里住着一位远近闻名的富商，富商有个19岁的儿子叫伯杰。

一天晚餐后，伯杰欣赏着深秋美妙的月色。突然，他看见窗外的街灯下站着一个和他年龄相仿的青年，那青年身着一件破旧的外套，清瘦的身材显得很羸弱。

他走下楼去，问那青年为何长时间地站在这里？

青年满怀忧郁地对伯杰说："我有一个梦想，就是自己能拥有一座宁静的公寓，晚饭后能站在窗前欣赏美妙的月色。可是这些对我来说简直太遥远了。"

伯杰说："那么请你告诉我，离你最近的梦想是什么？"

我现在的梦想，就是能够躺在一张宽敞的床上舒服地睡上一觉。

伯杰拍了拍他的肩膀说："朋友，今天晚上我可以让你梦想成真。"于是，伯杰领着他走进了堂皇的公寓。然后把他带到自己的房间，指着那张豪华的软床说："这是我的卧室，睡在这儿，保证像天堂一样舒适。"

第二天清晨，伯杰早早就起床了。他轻轻推开自己卧室的门，却发现床上的一切都整整齐齐，分明没有人睡过。伯杰疑惑地走到花园里。他发现，那个青年人正躺在花园的一条长椅上甜甜地睡着。

伯杰叫醒了他，不解地问："你为什么睡在这里？"

青年笑笑说："你给我这些已经足够了，谢谢……"说完，青年头也不回地走了。

30年后的一天，伯杰突然收到一封精美的请柬，一位自称是他"30年前的朋友"的男士邀请他参加一个湖边度假村的落成庆典。

在这里，他不仅领略了眼前典雅的建筑，也见到了众多社会名流。接着，他看到了即兴发言的庄园主。"今天，我首先感谢的就是在我成功的路上，第一个帮助我的人。他就是我30年前的朋友——伯杰……"说着，他在众多人的掌声中，径直走到伯杰面前，并紧紧地拥抱他。

此时，伯杰才恍然大悟。眼前这位名声显赫的大亨特纳，原来就是30年前那位贫困的青年。

酒会上，那位名叫特纳的"青年"对伯杰说："当你把我带进寝室的时候，我真不敢相信梦想就在眼前。那一瞬间，我突然明白，那张床不属于我，这样得来的梦想是短暂的。我应该远离它，我要把自己的梦想交给自己，去寻找真正属于我的那张床！现在我终于找到了。"

（资料来源：美卉：《把你的梦想交给自己》，《文理导航阅读与作文》，2012年第09期）

【思考】

从这个故事中我们得到什么启示？

案例3　百善孝为先——记全国优秀大学生程威

湖北文理学院"自强之星""湖北省孝老敬亲优秀大学生"、襄阳"青年道德楷模"、襄阳"优秀共青团员""全国优秀共青团员""全国优秀大学生"，顶着这些荣誉，程威已经成为感动全国的新时代大学生的代表。

5岁父亲离世，母亲病重多年，他饱尝了人生的苦楚。打工救母，背母上学，休学侍母，大学生程威选择了做生活的强者——

百善孝为先，楚地耀孝星

一位90后大学生用感天动地之举，诠释着"孝"的内涵，绽射出时代的光芒。

他的名字叫程威，湖北文理学院大二学生。他勇于担当，用柔弱之躯，为病重的母亲撑起一片爱的蓝天。

"妈妈，我一步也不离开您"

昨日16时，谷城县人民医院重症病房。39岁的王小红背倚着20岁的儿子程威，尽管饱受病痛的折磨,她的脸上却写满了幸福与满足。“妈妈全身浮肿,一直在咳嗽,呼吸也不大通畅。”程威一面为母亲按摩背部,一面平静地向记者介绍病情。

王小红,是一位坚强的母亲。15年前,丈夫在外打工,遭遇矿难不幸离世。那一年,程威年仅5岁。为支撑起曾经幸福的小家,王小红踏上了打工之旅。2年前,她被查出患上宫颈癌,为不影响备战高考的程威,她瞒下病情,继续打工,没料到,两个月后,竟被检查出为宫颈癌晚期。“妈妈是我最亲的亲人,为我、为我们的家庭付出了全部心血,我要好好陪她走完人生的最后一程。”程威难掩稚气的脸上,透出的是与年纪不大相称的沉着与坚定。

3天前,将病痛难忍的王小红从谷城县盛镇中心医院转到县人民医院后,程威24小时陪护在妈妈身边,每天的睡眠时间不到4个小时。“这些天来,社会上好多好心人送来了捐款,给予我很多的鼓励。”程威充满感激地说:“我为母尽孝,是很正常的事,社会上像我这样的人还有很多很多呀。”

无声的吊瓶下,洁白的墙壁前,程威将身心俱疲的妈妈搂在怀中,轻声地说:“妈妈,我一步也不离开您。”

“上了大学,我也要照顾好妈妈”

王小红被查出重症之时,正是程威高三备考的紧张时刻。

从小生活独立的程威重新调整作息时间,每天在学校与医院之间奔波。“看书累了,就帮妈妈揉揉肩背,权当是休息”,程威回忆说:“照看妈妈、做家务与复习备考,哪一样也不能落下。”

重病猛于虎。为了医治顽症,程威家中仅有的1万余元存款,很快就所剩无几了。高考刚刚结束,程威就作出一个大胆的决定,出外打工。在安徽阜阳,他在工地上起早贪黑,咬着牙做一些搬运活。每天赚来的100余元,成了母亲的救命钱。

老天有情,程威终于迎来了湖北文理学院的录取通知,可他怎么也高兴不起来,“我上学了,妈妈谁来照顾?”程威再次作出常人难以想到的决定:背着母亲上大学!

2011年9月,大学开学的日子。程威将母亲背到襄阳,安顿在了租好的房子里。为节省费用,他在学校食堂找到了一份端盘洗碗的工作,一日三餐全免之外,每月还有100元的打工收入。今年春节,同学们都回家了,程威却在县城一家酒店打工,为的是获取比平时高得多的加班工资。

上大学后,懂事的程威更不舍得乱花一分钱。为节约仅3元钱的车费,步行20多公里回老家,成为家常便饭。而为了医治母亲的病,一粒数百元的药丸,他却毫不吝惜。

去年底,王小红生活开始完全不能自理。程威每天5点起床,做好一天的饭菜,放到母亲身边,然后出门或打工或上课。

苦难可以压垮一个生活的弱者,也能造就一个生活的强者。在同学眼中,程威总是那么阳光、乐观。程威把所有的痛埋在心底,把全部的爱给了伟大却又羸弱的母亲。

“大学是美好的,我的生活也一定会好起来。”程威微笑着说:“无论我在任何地方,我都要照顾好妈妈。”

“我要把大家的爱传递给更多的人”

世上没有不透风的墙,程威打工救母的事迹,渐渐在老师和同学中间传开,大家纷纷伸出了援助之手。湖北文理学院先后两次为程威捐款两万余元。

程威的事迹经媒体报道后，更多的人为之感动落泪，更多爱心从四面八方涌来。

网友徐新波说：孩子，要坚强，妈妈是你唯一的亲人，但是天意弄人，我希望过年回家时，能去看看你。网友南京冷眼狐说：坚强面对人生中的苦难，即使再痛也要忍耐，越是困难越要有信仰。

谷城县委、县政府安排镇卫生院为程威母子腾出专门的病房，并承诺医药费全免，后来，又将王小红转至县人民医院治疗。武汉一些医院也纷纷来电慰问，并作出许诺，到大城市来治疗，同样费用全免。

中央电视台新闻频道以连线的形式，多次报道了程威救母的感人事迹。报道中说，当很多年轻人争抢“铁饭碗”时，湖北谷城县的大学生程威，却以顽强的毅力照顾患重症的母亲。程威的孝行感动了全国，祝愿他未来一路走好。

孝行感天，大爱无疆。在领受社会巨大温暖的同时，王小红的病情也越来越不稳定，身体常常感到剧烈疼痛。

母亲身体的痛，无时不疼在程威的心里。程威悄悄选择了休学，这样，他就可以随时相伴母亲身边。母亲进食困难，他一口一口地喂。母亲夜里因病痛发出呻吟声，他就含泪喂止痛药。更多的时候，他陪着母亲聊天、揉背，讲母亲爱听的新鲜事。“学校已解决了休学后的问题，将来，我还是要完成学业，做一个对社会有用的人。”程威说：“感谢社会各界的关爱，我要把大家的爱传递给更多的人。”

孝，中华民族的传统美德。程威的孝行，让身处这个时代的每一个人，品味着担当，感受着温暖。

（资料来源：张云宽等：《湖北 90 后大学生程威休学侍母孝心感动全国》，《湖北日报》，2012-11-01，有改动）

【思考】

打工救母，背母上学，休学侍母，又一个自强不息的典范，从程威的身上我们看到了当代大学生的崭新形象。你觉得当代大学生承担着哪些社会责任和使命？

案例 4　新乌鸦喝水的故事

它很快地想到了一个办法，那就是小石头！
可是哪里有小石头呢？

于是小乌鸦找啊找，终于在小河边发现了小石头。

它叼回来，扔到瓶子里，水面果然涨了一些。

于是它叼啊叼，

什么都阻挡不了小乌鸦！
只要坚持就一定能达到梦想的彼岸！

（资料来源：21CN生活，新版乌鸦喝水毁童年：我的一生都做了什么，网址：http://life.21cn.com/humour/btpicture/a/2014/0508/15/27173810.shtml）

【思考】

乌鸦的真正目标是什么？这幅漫画对你有什么启迪意义？如何树立正确的目标？

案例5 马克思的志向

伟大也要有人懂。

马克思并不是脱离尘世的人，他也有过青春。

作为青少年的马克思，也曾跟我们大多数人的青春一样意气风发，也曾深刻地考虑过自己的未来。

他也考虑过自己的就业问题。

1835年，17岁的马克思中学毕业，那年他写了一篇题为《青年在选择职业时的考虑》的毕业论文。

令人由衷惊讶的是，作为青少年的马克思，竟然在文中深刻阐述了今天看来只有中年、中老年抑或老年人才会去思考的哲理性关键词："高尚""劳动""安静""尊严""幸福"……

我们读大学，总有一天也会毕业，总有一天也会面临择业。大家都要考虑自己的前途。有的同学希望成为艺术家、科学家或作家，现身文艺和学术事业；有的同学打算当医生或教师，梦想成为人类身体或灵魂的工程师；而有的同学则羡慕资产者的豪华生活，把舒适享乐作为自己的理想。人各有志，无可厚非，毕竟条条大路通罗马……

而马克思与其他同学的想法不同，他没有考虑选择哪种具体职业，而把这个问题上升到对世界的认识、对社会的认知以及对人生的态度上加以考虑和回答。

在毕业论文中，马克思同学写道：

人与动物不同，动物完全依赖自然的生活条件，只能在自然提供的一定范围内活动，而人却能掌握自己的命运，有选择的自由。这正是人比动物优越的地方。但是，如果认为生活在社会中的人们能够不受任何限制，随心所欲地自由选择职业，那就完全错了。人们在选择职业时，正如人们在社会上的其他活动一样，并不是完全取决于自己的希望和志愿，而要受到自己所处的社会地位和社会中的关系的限制。

马克思同学认为，选择职业是一个关乎个人生活目的和生活道路的重大问题。所以不应该被一时的兴趣、渺小的激情、个人的虚荣心所左右，而必须采取严肃的态度。

通过马克思的论文我们可以看到，如果仅从利己主义出发，只考虑如何满足个人欲望，诚然也有可能成为出色的诗人、聪明的学者、显赫一时的哲学家，或者按照今天的标准成为有名的医生、有权的管理者和有钱的企业家；但是，他绝不能成为伟大的人物，也不能得到真正的幸福。因为，他的事业是渺小的，他的幸福是自私的。

在这篇意在立志的作文末段，志比天高的马克思同学最后慷慨激昂地写道：

如果我们选择了最能为人类福利而劳动的职业，那么，重担就不能把我们压倒，因为这是为大家而献身；那时我们所感到的就不是可怜的、有限的、自私的乐趣，我们的幸福将属于千百万人，我们的事业将默默地、但是永恒发挥作用地存在下去，而面对我们的骨灰，高尚的人们将洒下热泪。

（资料来源：徐川：《顶天立地谈信仰——原来党课可以这么上》，北京：人民出版社，2017：21～23）

【思考】

1. 马克思在青年时期立下的志向是什么？对今天的大学生有什么启发？

2. 如何看待个人理想与社会理想的统一？

案例6　信念的力量

一对双胞胎兄弟从小就生活在一个非常不幸的家庭，这一切都跟他们的父亲有关。那个不负责任的父亲整天一副冷酷无情的样子，兜里有一点钱便会拿来买酒喝。后来，他又沾上了毒品，由于毒瘾发作，他没有钱买毒品，狂躁之下杀死了这对兄弟的母亲。为此，他被判了终身监禁。那一年，这对兄弟还不到5岁，成了孤儿。

可怜的兄弟无计可施，只好流落街头以乞讨为生，年龄稍稍大一点后又到工地上给人做帮工。可是谁都想不到，多年之后，曾经极为相似的他们会有如此大的差别：

哥哥同父亲一样，嗜酒如命，毒瘾很深，而且偷窃、敲诈，无恶不作，最后因杀人罪入狱。

弟弟却滴酒不沾，且从未吸毒。他是一家大公司的部门经理，有一个美满幸福的家庭。

当记者分别采访这两兄弟时，万万没想到他们的开关语一模一样："有这样的老子，我还能有什么办法！"只不过这句话后面的解释不同。

哥哥说："……我的身上天生就带了嗜酒、吸毒、杀人、放火的种子，这些东西是我所无法控制的。"

弟弟则说："……我已经无所指望，我只能靠我自己打拼。否则我也会走向同一条路的。"

（资料来源：翟文明：《小故事大道理（全集）》，西安：陕西人民出版社，2008）

【思考】

谈谈信念对年轻人成长成才的意义。

案例7　6位年轻党员的入党故事：这抹红，是青春的荣光

他们，是新时代里的新青年，他们依旧选择凝聚在信仰的旗帜下，为同一个梦想凝心聚力，为同一份荣光奋勇向前。"我们的事业并不显赫一时，但将永远存在。"这是伟大事业的召唤，是历史的旁白，也是新青年必将担负起的神圣使命。

衢州乡镇干部王中：

"这是对精神富足的真正追求"

岁月如梭，时光荏苒，距离2005年5月王中入党时，已经过去了11个年头。王中是衢州市衢江区廿里镇党委委员，大学时就读于嘉兴学院。"当时，学校开展'七一'纪念活动，联合湖南、江西等地十几所高校，在嘉兴南湖举行新党员宣誓仪式，我有幸成为其中一员。"

入党宣誓的场景，王中至今历历在目。那年的5月28日，南湖革命纪念馆门前，来了100多人，人声鼎沸，彩旗飘飘。宣誓时，王中站在最后一排，因为个子矮，他根本无法看到第一排的党旗。但是当前面领读宣誓的老师说举右手握拳，现在开始宣誓"我志愿加入中国

共产党……"时，王中拼着一股劲，集聚全身的力气，从喉咙中喊出了誓词，恨不得向全世界宣告："我入党了，我成为了一名光荣的中国共产党员。"

带着一颗红心，心怀入党誓言，王中毕业离开校园后，便回到衢州农村，成为一名党务工作者，多次在不同场合面向党旗再次宣誓。每次宣誓，他的脑海都会浮现出嘉兴南湖边第一次宣誓时的场景，久久回味那迫不及待、那种"喊破天"的激动。

做基层党务工作，每年都要和有意向入党的对象进行谈话，问的最多的一个问题就是为什么要入党，有一些人回答：父母要求的、感觉有面子……每当听到这些，他就直摇头，党员怎能是炫耀的资本？

干基层党务工作，更多时候收获的是欣慰。每年"七一"前夕，王中和同事们都要去走访老党员。"不少老党员已有50来年的党龄，他们会拉着我的手，讲起他们年轻时候的事情，说到激动处心潮澎湃。虽然那时物质贫乏，但内心是幸福的，精神是富足的，很让人向往。"

时间带走了书生气、成熟了心智、丰富了阅历，不变的是王中当年入党时向党的初心、对党的情怀。

海宁80后党员苏晓逸：

"在更大的平台，推广好的事物"

"为什么要入党？"

浙江盛旭水产养殖有限公司法人代表、海宁80后农业青年创业联盟党支部书记苏晓逸一下子答不上来。"太顺理成章的事儿，就很少会去思考理由。"

苏晓逸，今年31岁。毕业于澳大利亚麦考瑞大学，拥有会计、国贸两个学士学位。2009年，他选择回国，接过父亲的接力棒，从事水产养殖，在近1 000亩土地上发展生态循环农业。"入党，我觉得挺光荣的，而且有更大的平台，可以和更多优秀的人一起学习交流。"

于是，回国的第3年，苏晓逸递交了入党申请书，并在次年成为预备党员。投身农业，因为家传，也出于兴趣。很快苏晓逸成了海宁80后农业青年创业联盟的领头人，并在2015年被推选为党支部书记。

每季度，党支部进行交流，探讨创业过程中面临的共性问题，寻求解决办法，苏晓逸则将问题以报告形式，递交给海宁团市委。"去年，党支部为大家争取到每年30万元的贴息贷款。"

改造池塘、寻访适合品种、探索种养殖方法……这些年，苏晓逸没有停止过寻找和大自然"共赢"的最佳平衡点。2014年，苏晓逸从浙大引进了名为"渔稻"的水稻品种，打造了全国首个"池塘生态循环农业"项目。

"希望通过党支部间的交流，把这种农业生产模式推广。"苏晓逸介绍，经水稻净化的池塘水，80%可达到Ⅱ类水标准。"好水质，令虾和甲鱼的肉质更鲜美，最重要的是没有任何化学药品，保证食品安全。"

2016年3月，他还建起了帮扶孤寡老人的小分队。"党支部是传递精神的平台，每个党员都应该是正能量的传递者。"

金华教师赵丽华：

"把个人命运同党的理想捆绑在一起"

金华市婺城区雅畈初中教师赵丽华还记得，当得知自己被批准入党，并将在党旗下光荣而庄严地宣誓时，她的心情多么激动。“那神圣的一刻，是我期待已久的梦想将要实现的时刻，是我将要跨出人生庄严一步的时刻，更是改变我这一生的时刻。”赵丽华说。

小时候，赵丽华在家里经常听到广播里喊：请全体党员赶快到村里开会啦！隔壁的伯伯是一位老党员，经常看到他不管干什么总是走在最前面，冲在最前面，乡亲们还很听他的。那时赵丽华就想，党员可能就是一个“官”吧。后来上了小学，成为一名少先队员，她才懵懵懂懂地知道了共产党员的含义。中学时，她加入团组织，对党又多了一份理解，大学时虽然错失良机，没有成为学生党员，但通过参加入党积极分子培训，对党的认识更深更全面了。终于，读研究生时，通过党组织的培养，2010 年 5 月，赵丽华光荣地成为了一名共产党员。

每当看到党旗、党徽或听到共产党员这个称呼，赵丽华就忍不住想起入党前学院党总支书记对自己的殷殷告诫：“现在你即将入党了，这是对你过去表现的肯定。你要时刻记得，你是一名党员，别人看到的也不再是你个人，你在群众面前，代表的是党的形象。”

入党宣誓时，虽然誓词已经看过很多遍了，但站在党旗下大声说出来的感觉，赵丽华至今无法忘怀。“随着誓言在党旗下回响，我的身心也得到了一种升华。”赵丽华说，“从此，我将不再仅仅是我自己，我的命运和追求同党的理想紧紧联系在了一起。”

工作后，每当赵丽华遇到困难时，她就会回想站在党旗下宣誓的情景，激励自己：“我可以做到，我是一名党员，绝不能退缩。”

泰顺村支书蓝学许：

“为带领更多人一起富起来”

1975 年出生的泰顺县司前畲族镇左溪村党支部书记蓝学许，已有不少“头衔”：全国青联委员、“全国农村致富带头人”……

说起入党动机，蓝学许言简意赅：“我想带着村民一起富。”

18 岁那年，蓝学许外出经商。“自己慢慢富了，但村民日子还是紧。”怀着乡愁，1999 年，他回村养猪，创建“蓝翔生态农庄”。

尽管出师不利、亲友反对，但蓝学许却干出了一番事业，存栏量从 15 头跃升至 700 多头。

成为令人艳羡的种养大户后，蓝学许却未止步。1999 年，他向党组织递交了入党申请书。“听说竞争很激烈，20 多人争 3 个名额！”如何胜出？蓝学许用实际行动说话。

组织考察中，蓝学许完善养殖—沼气—果园这一立体循环模式，带动 20 多位村民创业。“干事，我有想法。要是能有党员身份，愿意跟我干的人会更多！”

2003 年 7 月，蓝学许的“红色愿望”，终于成真。带头致富的步子，从此迈得更大。

次年，蓝学许牵头成立泰顺县富农养猪专业合作社，并在县城农贸市场设立“农家猪肉专柜”；2005 年，他引进 7 个品种 4 500 多株葡萄苗，自 2008 年开始，每亩效益超万元；2009 年，他又动员村民一起发展 125 亩“美国红提”基地……

2007 年 5 月，“山里人家”农家乐开业，每年为村民销售农副产品 60 多万元。同年，32 岁的蓝学许被推选为村党支部书记。此后，他为左溪村立下“效益农业强村、乡村旅游兴村”的目标，关停了易造成环境污染的养猪场，并将目光瞄准旅游、民宿等新业态。

随着他的脚步，左溪村的人均年收入已达约两万元。“没有党员身份，很难凝聚人心，人心不齐就难成事。”他说，红色身份是他带头创业的路上最重要的名片。

湖州村干部朱旭峰：

“渴望成为有益于人民的人”

“读大学时，能够加入中国共产党是大学生的理想，因为我们都渴望成为一个高尚的人、一个有益于人民的人。”湖州市吴兴区八里店镇移沿山村党支部委员朱旭峰回忆起自己在学校的时光。

2001 年，朱旭峰向党组织递交了入党申请书，积极向党组织靠拢。两年后的 2003 年 6 月，他如愿站在了党旗下，庄严宣誓。“那时，我的心里充满激情、波涛澎湃，憧憬着理想、描绘着蓝图，觉得生命更有意义了。”朱旭峰回忆起当年的心情依然激动不已。

2007 年，朱旭峰来到了八里店镇移沿山村，成了该村的大学生村官。朱旭峰走进田间地头，尽量用农民的话讲农民的事，多和村民拉拉家常，在这个过程中拉近了距离，和村民增进了感情，村民们对他也从一开始的不接受，转而信任、支持，在 2011 年和 2013 年村换届选举中，朱旭峰分别高票当选为移沿山村村委委员和支部委员。

“作为一名基层的党员村干部，我要把工作的激情化为为群众服务的动力。”朱旭峰说。

舟山民警王延强：

“入党，是对自己提出更高要求”

2006 年，舟山市公安局普陀分局沈中派出所副所长王延强递交入党申请书时，还是大学生。

“党员就得对自己更严格要求，凡事做得更多、更好。”2007 年 7 月，王延强成为一名公安民警，主动选择到偏远艰苦、治安复杂的小干岛工作。

5.56 平方公里的小干岛上，只有王延强一位民警，却必须面对来自 28 个省份、36 个民族的两万余外来务工者。他经历着从海渔系大学生到警察的跨行业“转型”，也经受着入党预备期的考验。

2007 年 11 月的一个冬夜，王延强出警处理一起交通肇事逃逸案件。身披单薄警服，他忙着向指挥中心汇报、联系 120 急救，通知船厂确认重伤者身份。凌晨两时，当王延强饥寒交迫地回到租住的简陋“宿舍”时，满身是伤者的血水、腥臭难闻。此刻，转行的不适、生活的艰苦、工作的繁重等委屈，同时涌上心头。第二天，他找到派出所所长诉苦。

“我挺感谢他。”王延强回忆，老所长讲述了自己刚入行的故事。面对相似情况，老所长更坚毅的态度令他自省。每个党员需要成长，每个年轻党员也都如王延强一样，有困惑、有委屈，也需要关怀与指引。

“是党员，就该吃得了苦。瞧瞧老所长，再对照自己，还有什么可抱怨的?”回岛后，王延强对出租房创新开展“旅馆式”管理，对辖区内 1 万余名农民工开展法制教育，在厂区主要通道安装近百个监控探头，建立三级巡逻机制，小干岛的刑事发案量比 2007 年下降近一半。

同时，他还针对警务工作中难点，自主研发快速办理临时居住证系统，提高了办证质量，也从源头上解决了使用假身份证问题，此系统在舟山全市推广使用。

2015 年，连岛大桥通车，小干岛从“海岛时代”迈入“半岛时代”，王延强也在新岗位上，承担更大职责。“党员，督促我成为更好的自己。”他说。

（资料来源：人民网，http://zj.people.com.cn/n2/2016/0701/c186806—28595002.html）

【思考】

6 位年轻党员的入党故事对你有什么启发？青年大学生应该树立怎样的理想信念？

三、经典视频思考

1 《中国合伙人》简介

《中国合伙人》的英文译名为《American dreams in China》，意为“中国的美国梦”。虽然是以“美国梦”为背景，但影片实际上讲述的是从上世纪 80 年代至今，30 多年间大变革背景下，三个小人物为改变自身命运，最终实现“中国式梦想”的故事。

这是个激荡三十年，关于一个土鳖，一个知识分子，还有一个浪漫骑士的“中国式成功”故事。

成东青，农村出身的土鳖，两次高考落败，眼看就要屈服于当农民的命运，在叔伯乡亲面前跪下，才求得一次再考的机会，他最后一搏，搏命背下整本英文字典，从明眸变成近视眼，第三次考试，考上燕京大学；孟晓骏，精英知识分子，强烈自信，内心认定自己永远是最优秀的那个；王阳，八十年代的浪漫派，样子俊朗，热爱文学，一生的梦想是当个诗人。这样三个各走极端的人，居然就在燕京大学碰上，戏剧性地建立了友谊。

三人跟八十年代莘莘学子一样，怀抱着一个美国梦。申请签证的结果是：两个成功，一个被拒。

美国那边，孟晓骏正要一展抱负，却未料堂堂燕大高材生，在美国根本找不着工作，落得在餐馆当侍应助理的命运；王阳签证成功，却因一个一见钟情的美国女孩放弃出国，贯彻其浪漫派个性；土鳖成东青延续失败的命运，眼看好友出国完梦，他失望透顶，只有留在燕大任教，却又因在外私自授课，被校方发现，央求悔罪仍被除名，毫无余地地成为一个真正的“失败者”。成东青一无所有，只有偷偷在肯德基办补习班，其独特的自嘲教学法，却渐渐吸引不少学生。这是命运的安排，他从没想过，被拒签这个人生最失败的挫折，亦是成就他人生中最成功的契机。

成东青请王阳加入一起办补习班，成东青毋忘孟晓骏，让他回国强势加盟，正式开办“新梦想”学校。三人凭借个人魅力，包括成东青的自嘲式幽默教学法，孟晓骏的美国经验和签证技巧，以及王阳的创新电影教学，让新梦想空前成功。

新梦想再扩规模，成东青被媒体和青年塑造成为留学教父，不由自控地散发着一股从土鳖蜕变成领导者的光芒，让孟晓骏看不过去，二人渐貌合神离，王阳左右为难。

孟晓骏远走沈阳，三人的友情面临重重考验。然大时代一幕又一幕的挑战，包括 1999 年南斯拉夫中国大使馆被北约军机轰炸，还有 ETS 美国普林斯出版社控告新梦想侵犯版权，又把三人再次凝聚起来，共同面对新梦想的困境。

这三个非一般的中国人，是大时代下最具代表性、最激励人心的“中国合伙人”。

【思考】

什么是“中国梦”？你从影片中三位主角的奋斗经历中得到了什么启示？

② 你值得拥有的20部励志电影——信念成就梦想

《荒岛余生》——本片是根据现实主义小说家笛福的代表作《鲁滨逊漂流记》改拍而成。这是一部表现人在大自然中顽强生存的影片。主人公恰克在一次公务中遇到海难，飞机失事，他成了唯一的幸存者飘流到荒岛上，开始了现代版“鲁滨逊漂流记”。本片最吸引人之处，不在于描写恰克在荒岛上的求生技巧，而在于着重描写现代人在荒岛上面临的孤独感。影片结尾，经历了4年的奋斗，主人公终于获救，但从自给自足的日子一下子回到了物欲横流的现代文明，他显然是有些不知所措了……

《风雨哈佛路》——一位名叫莉兹·默里的美国“80后”女孩，她的父母因吸毒去世，从小便无家可归，住过收容所，也睡过地铁、隧道和街头长椅，从来没有一个像样的家的她，青少年的岁月多半是在慌乱的流浪中度过。但残酷的命运并未令莉兹屈服，她不懈地努力，她从不退缩地去奋斗，最终创造了从流浪女到哈佛博士生的人生奇迹。

《奔腾年代》——本片的几个主人公都是挣扎在三十年代的小人物，查尔斯·霍华德原本是个成功的商人，但中年丧子的不幸粉碎了他的家庭；瑞德·波拉德的梦想是做个一流的骑师，无奈迫于生计，只得在地下拳赛中和人搏斗；汤姆·史密斯是个善于相马和驯马的伯乐，却无人赏识，郁郁不得志。三个窘迫男人的命运因为一匹名叫“硬饼干”的老赛马而出现转机。“硬饼干”身材矮小，腿也不太灵便，被人当作残次品弃之一旁，然而它不服输的天性与顽强的斗志却没有因此泯灭。三个新主人成功唤醒了它的潜能，让它在比赛中大放异彩。

《铁拳男人》——故事发生在上个世纪30年代的美国工业大萧条时期，就在美国的经济状况跌落谷底、民不聊生时，因一些变故而放弃打拳的职业拳击手詹姆斯一家早已穷困潦倒，就如当时的大部分美国人一样，现实的打击与噩运的频频光顾令詹姆斯几乎绝望。他无力支付账单，全家甚至还要靠社会救济金过活。尽管如此，在他心底唯一牵挂的就是这个家庭，妻子玫仍一如既往地给予他很大鼓励与信心。出于对家庭的爱，也出于维护自己的尊严，詹姆斯下定决心重拾旧业，靠拳击来赢取奖金养活全家……这个为家庭而争取第二次机会拼搏的男人受到了大批民众的拥戴，就此一个民间英雄诞生了，他成为了美国体育界有史以来最令人振奋的传奇之一。

《听见天堂》——一个因为一次意外失明的孩子马克，从小就热爱电影，然而残酷的现实只能让他到政府规定的盲人的特殊学校就读，这一切的挫折直到他在学校找到一台老旧的收音机开始转变，一个崭新的世界为他而展开。然而这个生命中重新点燃的希望却被主张盲人不该拥有梦想的校长硬生生地打断，即使不被认同，马克仍是朝着梦想迈进，他的热情逐渐感染周遭的同学，引导着他们重新定义视障者的梦想与能力。影片描述的是一群视障的小朋友，虽然先天(或后天)带着残疾，却不向命运低头，也不认为自己的生命只有一种可能，就是这股看似天真的信念，让他们做到了连所谓正常小朋友都做不到的事，不但让别人对他们刮目相看，甚至还改变了社会……

《洛奇》——本片是史泰龙自编自演的成名作，描述二流拳击手洛奇幸运地被世界重量级拳王阿波罗挑选为比赛对手，他把握机会认真备战，结果在你来我往地战了十五个回合之后并没有被击倒。他虽然输了比赛，却赢得了自信和女友的芳心。本片是励志色彩浓厚的小人物奋斗史，在银幕上下都彰显了令人振奋的美国梦。史泰龙饰演心地善良斗志坚强的小拳师，虽然吟念对白口齿不清，却别具明星魅力。他追求害羞女店员塔里亚·希雷的过程具有亲和力，跟女友哥哥伯特·扬和教练伯吉斯·梅雷迪思的关系也很有趣。当然导演约翰·艾维尔森拍得最成功的还是压轴的拳赛，精彩刺激之处令人仿如置身现场，比尔·康堤斗志昂扬的配乐亦记一功，曾获第 49 届奥斯卡最佳影片、最佳导演和最佳剪辑三项金像奖和第 34 届金球奖最佳影片奖，而史泰龙在此片的基础上延伸出四部续集。

《卡特教练》——本片根据 1999 年对于卡特教练和他的常胜不败的篮球队的新闻报道改编，里士满高中篮球队原本从未在任何比赛中获胜过，是一支屡败屡战的队伍，这一切在卡特执教之后发生了变化。他相信这支队伍在他的带领下可以成为最优秀的篮球队，所以他要求队员和他签订一个协议，约定如果队伍不团结或是成绩不佳就不再继续参加任何比赛。在他的带领下，这支队伍开始走上了上坡路，最后成为无人能敌的长胜王。但是在 1999 年举行的国家锦标赛上，队员们的表现却十分不尽如人意，这让卡特教练沮丧不已，他真的关闭了训练馆，禁止队伍继续参加任何比赛。此举引起了极大的反响，他一时成了大众议论的焦点，有人赞赏他视篮球为生命的品格，但更多的人对他的举动表示不解，甚至是批评。

《追梦女孩》——该剧讲的是游走在破产边缘的麦克斯和落魄的巨额财产继承人卡洛琳的故事。她俩都在一家快餐店打工，从最初两人都看对方不顺眼，到后来逐渐成为好朋友，一路互相鼓励、扶持，为存够 25 万美元开一家蛋糕店的美梦共同努力着。

《阳光小美女》——胡弗一家六个人的个性都很怪异，每个人都有自己的问题，但同时每个人都不愿意花时间去倾听别人的问题，因此家里的餐桌常常成为争吵爆发的战场。直到某一天，7 岁的小女儿奥莉弗在大家的争吵间隙听到广播里传来"阳光小小姐"选美比赛的消息时，她发出了兴奋的尖叫声，这一刹那的尖叫终于暂时平息了正在进行的激烈争吵。在她的极力争取下，经过商量后的胡弗一家决定陪伴着小奥莉弗集体踏上寻梦之旅，从阿尔伯克基驾车长途跋涉到加利福尼亚，参加这场"阳光小小姐"的选美比赛。在这条为小女儿寻梦的道路上，每个人的梦想都在经历着不断的碰撞和破灭。尽管沿途的风景并非如诗如画，但这个六口之家却因为渐渐学会了相互信任、鼓励和支持，而渐渐感受到了生活的美好。

《闻香识女人》——本片虽然以女人为名，但影片中没有女主角，讲述的是两个男人之间的故事。弗兰克中校在一次爆炸事件中，眼睛受了伤，从此他就生活在黑暗里，脾气怪异，暴戾、自负、抑郁。查理是一个普通的中学生，在一所很有名气的贝德中学读书，因为家境不怎么好，假期里他找了份看护盲人的短工，他来到了弗兰克中校身边。两个截然不同背景的人，偶然结识在了一起，虽然他们在人生的观念和选择上大相径庭，可是到后来两人彼此都接纳了对方，并且从彼此的人格中找到了自己的生命意义。

《放牛班的春天》——讲述了世界著名指挥家皮埃尔·莫安琦重回法国故地出席母亲的葬礼，他的旧友送给他一本陈旧的日记，看着这本当年音乐启蒙老师克莱门特遗留下来的日记，皮埃尔慢慢品味着老师当年的心境，一幕幕童年的回忆也浮出自己记忆的深潭……

《荒野生存》——影片故事灵感来源于一起真实事件：1992 年，品学兼优、身为运动健将的美国大学生克里斯托弗·约翰逊·迈克坎德雷斯从艾默利大学毕业，面对前途无量的事业机会，克里斯托弗却选择了一条令身边人倍感匪夷所思的人生道路：抛家弃业，将自己的两万四千美元的存款全部捐给慈善机构，离开一切现代文明，远足阿拉斯加的荒蛮之地体验生活。在这一惊世骇俗的自我放逐过程中，克里斯托弗遭遇了形形色色的人物，如流浪的吉普赛女郎、南达寇塔州种玉米的农民、欧洲旅行者等等，也见识了各种闻所未闻的生活，这当中的艰辛与考验，堪称克里斯托弗对自己生存方式的一次严峻挑战，但是在此过程中的见闻与收获，却成为其之后或受益匪浅或无法自拔的体验与记忆……

《侧耳倾听》——她是一个开朗、率直、爱幻想、充满好奇心的女孩子，或许是受家庭的影响，她非常喜爱读书，尤其爱好幻想类的传说故事。在一次偶然之中，因为一只猫的引导，她在无意间发现了一间优雅的古董店和店里的一只猫玩偶以及一对祖孙。于是开始了她认真探索自己愿望与潜力的过程，本片反映的是一个少女初恋和成长的故事。

《当幸福来敲门》——已近而立之年的克里斯·加德纳，早已经厌烦了作为一个普普通通的医疗器械推销员的职业。如今，则面临着来自家庭、社会等等的压力。从他自己内心出发，克里斯·加德纳也不甘心这样庸碌一生而终。于是，他终于不顾妻子的反对，在这一年下定了转行的决心，投入到奉献颇高却也回报不菲的股票行业，并准备凭借自己的灵活头脑大展拳脚一番。然而，瞬息万变的股票业的风险岂是经验单薄的克里斯·加德纳可以应付的。他的成功梦很快就遭受了沉重的打击——多年来积累的家底被迅速耗尽，连自己的房子也被银行抵押，伤痛的妻子琳达更是甩手离去。留下加德纳只有五岁的儿子克里斯托弗与其共同艰难度日。除了可爱的小儿子加德纳，一无所有。从此，小克里斯托弗便跟着爸爸开始了颠沛流离的漂泊生活。最潦倒时，父子俩甚至要跑到火车站的澡堂里挨过漫长的黑夜。但如此惨淡的磨难却从未摧毁父子间的亲情与他们的信念，在小儿子的不断鼓励下，加德纳愈发地坚强起来，并迸发出了惊人的斗志。在历经多次挫折之后，终于再次拥有了属于自己的事业：一家以自己名字命名的证券公司。他终于从一个穷困潦倒、济济无名的投资经纪人变成了世人瞩目、人人景仰的百万富翁。

《黑暗中的舞者》——故事叙述捷克的移民塞尔玛是一个单亲母亲，她在一个乡村工厂工作，靠着一点点微薄的工资和她的小儿子吉恩艰难度日，为了凑足给儿子治病的手术费，她坚持加班并以歌舞来驱散忧愁。但当她发觉自己挣的钱被房东比尔偷了的时候，竟果真听从比尔的话打死了比尔……在她受绞刑之前听到儿子手术之后，她还是放声歌唱。拉尔斯·冯·特里厄的歌舞经典作品，一部别出心裁且唯美感性的歌舞片，有一点浪漫，也有一点灰色，但是却充满力量。

《心灵捕手》——麻省理工学院的数学教授蓝波在席上公布了一道很难的数学题，却被年轻的清洁工威尔解了出来。可是威尔却是个问题少年，成天和好朋友查克等人四处闲逛，打架滋事。当蓝波找到这个天才的时候，他正因为打架袭警被法庭宣判送进看守所。蓝波向法官求情保释，才使他免于牢狱之灾。蓝波为了让威尔找到自己的人生目标，不浪费他的数学天赋，请了很多心理学专家为威尔做辅导，但是威尔十分抗拒，专家们都束手无策。无计可施之下，蓝波求助于他大学的好友，心理学教授尚恩，希望能够帮助威尔打开心房。经过蓝波和尚恩的不懈努力，威尔渐渐敞开心胸，而好友查克的一席话，更是让他豁然开朗。

《永不妥协》——埃琳·布罗克维奇是一位经历了两次离婚并拖着三个孩子的单身母亲，在一次十分无奈的交通事故之后，这个一贫如洗，既无工作也无前途的可怜女子几乎到了走投无路的绝境。万般无奈之下，埃琳只得恳求自己的律师埃德·马斯瑞雇用她，在律师事务所里打工度日。一天，埃琳在一堆有关资产和债务的文件中很偶然地发现了一些十分可疑的医药单据，这引起了她的困惑和怀疑。在埃德的支持下，埃琳开始展开调查，并很快找到线索，发现了当地社区隐藏着的重大环境污染事件，一处非法排放的有毒污水正在损害居民的健康，是造成一种致命疾病的根源。可怕的是居民们对此并未察觉，埃德起初对埃琳的结论表示怀疑，但是不久他们就被埃琳的执著和责任感打动了，大家在一个目标下紧紧地团结了起来，埃琳用自己的行动赢得了全体居民的信任，成了他们的核心和代言人。邻居乔治在整个事件中是埃琳的一名坚定的支持者，他俩的友谊成了支持埃琳的重要精神支柱。埃琳挨家挨户的做动员工作，终于得到了600多个人的签名支持。埃琳和埃德在一家大型法律事务机构的帮助下，终于使污染事件得到了令人满意的赔偿，创造了美国历史上同类民事案件的赔偿金额之最，达3.33亿美元。埃琳正是用自己的无比坚韧的毅力，克服难以想象的困难，向世人证明了一个“弱女子”的价值，在人生的道路上开辟了一片新的天地。

《死亡诗社》——1959年，威尔顿预备学院以它凝重的风格受到了当时人们的尊敬。在那里，教育的模式是固定的，不仅单调而且束缚了思想。然而这一切在一个新教师的手中发生了改变。John Keating反传统的教育方法给学院带来了一丝生气：在他的课堂里，他鼓励学生站在课桌上，用一个崭新的视角去观察周围的世界；他向学生介绍了许多有思想的诗歌；他所提倡的自由发散式的思维哲学在学生中引起了巨大的反响。渐渐地，一些人接受了他，开始勇敢地面对每一天，把握他们自己的人生。

《百万宝贝》——在过去的23年里，弗兰基·邓每天的生活都是由机械的两件事构成：训练拳手和去教堂做弥撒，每周他都会给女儿去一封信，但结果都是被原路退回。由于女儿的疏远，弗兰基长时间在人群中封闭自己，他唯一的朋友是帮他照看训练馆的绰号为“废铁”的退休拳手埃迪。多年之前，弗兰基眼睁睁地看着埃迪在比赛中失去了一只眼睛而不能叫停。悔恨一直纠葛着弗兰基的内心世界，因此他不愿看着拳手们血淋淋地走向冠军的头衔，虽然他一直在培养拳手，但内心早已退休。直到有一天，一个名叫麦琪的女子走进了训练馆……

《跳出我天地》——故事以1984年英国煤矿工人罢工为背景，男孩比利的父亲和哥哥都是罢工的工人，父亲让比利每个星期去学拳击，但比利在拳击上既无兴趣也无天赋。一次偶然的机会，比利闯进了在拳击班旁的芭蕾舞班，老师发现他很有跳芭蕾舞的潜力，于是比利瞒着父亲，把每周的拳击课换成芭蕾舞课。然而最终这一情况被父亲发现了，在父亲眼里，男孩跳芭蕾舞等同于娘娘腔、同性恋，他坚决地反对。可是，男孩敢于挑战，坚持练习自己钟爱的芭蕾舞，同时在老师的帮助下，经历了许多困难，最终梦想成真。热爱舞蹈的比利终于得到父亲的理解。为了帮助比利发展跳舞的才华，父亲做出了很大的牺牲，终于在他两鬓斑白时，看到了比利的成功。

【思考】

在上述你值得拥有的20部经典电影中你领悟到了什么？

③ 《钢的琴》视频简介

《钢的琴》讲述了一位父亲为了女儿的音乐梦想而不断艰苦努力，最后通过身边朋友的帮助用钢铁为女儿打造出一架钢琴的故事。视频通过小人物的幽默与艰辛，展露一段感人至深的亲情和友情故事。

20世纪90年代初，东北一个工业城市，原钢厂工人陈桂林下岗后，为了维持生计，组建了一支婚丧乐队，终日奔波在婚丧嫁娶、店铺开业的营生之中。与此之时，妻子小菊(张申英饰)却不堪生活重负，移情别恋，跟了一个有钱的商人。之后，小菊光鲜回归，要求与丈夫陈桂林离婚，并且要求承担独生女陈小元的抚养权。谁能给女儿一架钢琴成了争夺抚养权的关键所在。陈桂林希望将女儿培养成一名优秀的钢琴家。为了得到对于女儿的抚养权，他忍受种种压力，多方筹措为女儿买钢琴的钱，在四处受挫无果的情况下，于是便决计铤而走险，和女友淑娴(秦海璐饰)以及当年钢厂的好哥们夜入学校偷钢琴，然而却又被人发现被抓。

当所有的办法都失败后，桂林偶然翻到一本关于钢琴的俄国文献，于是叫上伙伴们在早已破败的厂房中开始了手工制造钢琴的征途，最后在退役小偷、全职混混、江湖大哥、猪肉王子一群落魄兄弟的帮助下，造出一部“钢”的琴，体现了一群男人为尊严而战。爱情、友情、激情与幽默在不可能的任务中荒诞燃烧。

【思考】

落魄的小人物能不能有理想，如何实现理想？

四、推荐活动主题

讨论：

1. 大学生到底应该树立什么样的生活目标？
2. 作为当代大学生如何确立马克思主义的信仰？
3. 理想和事业成功之间的关系是什么？
4. 新形势下的大学生应该具有什么样的理想信念？
5. 个人理想要融入社会理想吗？

演讲：

1. 我的理想
2. 理想信念与人生
3. 人生、理想与社会

4. 理想信念是精神之“钙”

5. 放飞青春梦想

辩论：

1. 正方观点：顺境有利于人的生理、心智成长，增加自信心
   反方观点：逆境有助于认识人生的艰辛、刺激潜能
2. 正方观点：在成长的过程中应该树立崇高的理想与信念
   反方观点：树立崇高理想不切实际
3. 正反观点：实现中国梦理想信念比埋头实干更重要
   反方观点：实现中国梦埋头实干比理想信念更重要
4. 正方观点：理想信念应与时俱进，不能一成不变
   反方观点：人生要坚定理想信念，毫不动摇

第三章
弘扬中国精神

一、实践能力目标

1. 能正确理解重精神是中华民族的优秀传统。

2. 能正确理解中国精神的内涵，在实现中国梦的行动中弘扬中国精神。

3. 能正确分析当前世界经济与政治形势，正确评价国内外重大事件，培养坚定的爱国主义信念，“做一名新时代的忠诚爱国者。”

4. 能在对本章爱国主义内容的熟练掌握的基础上，结合我院，以我院学生为调研对象按调研格式标准完成爱国主义的专题调查报告。

5. 正确认识创新创造的民族禀赋，理解改革创新的时代要求，做改革创新的生力军。

二、经典案例思考

案例 1　一个人与五个师

钱学森 1911 年 12 月出生于上海，祖籍浙江杭州，1923 年 9 月进入北京师范大学附属中学学习，1929 年 9 月考入上海交通大学机械工程系，1934 年 6 月考取清华大学公费留学生，次年 9 月进入美国麻省理工学院航空系学习，1936 年 9 月转入美国加州理工学院航空系，师从世界著名力学大师冯·卡门教授，先后获航空工程硕士学位和航空、数学博士学位。1938 年 7 月至 1955 年 8 月，钱学森在美国从事空气动力学、固体力学和火箭、导弹等领域研究，并与导师共同完成高速空气动力学问题研究课题和建立“卡门-钱近似公式”，从而在 28 岁时就成为世界知名的空气动力学家。

1947 年 2 月，年仅 37 岁的钱学森成为麻省理工学院最年轻的一位正教授，也是终身教授。这是许多人朝思暮想的职位，不仅可以享受优厚的工作、生活待遇，而且表明钱学森在美国前途无量。然而，无论是名与利都无法泯灭钱学森的那颗爱国心。

1948 年，钱学森为准备回国，退出美国空军科学顾问团，辞去海军军械研究所顾问职务。新中国成立后他的回国心情更加急迫，但自 1950 年夏起，被以莫须有的罪名拘捕，遭受无理羁留达五年之久。1955 年 10 月，钱学森冲破重重阻力回到祖国，立即投入到新中国建设之中。

1991 年 10 月，钱学森被国务院、中央军委授予“国家杰出贡献科学家”荣誉称号；1999 年 9 月，被中共中央、国务院、中央军委授予“两弹一星功勋奖章”；2009 年 9 月，被评为“一百位新中国成立以来感动中国人物”。在荣誉面前，钱学森深情地说：“表彰我对‘中国火箭导弹技术、航天技术和系统工程论’方面所做的一切工作，我想这里面‘中国’两个字是最重要的。”

2009 年 10 月 31 日，钱学森在北京辞世，享年 98 岁。

（资料来源：孙自法：《钱学森开创中国 11 个“第一”》，《新京报》，2009-11-09）

【思考】

请你谈谈对钱学森爱国、报国言行的感想以及对“科学无国界，科学家有祖国”这句话的理解。

案例 2　施密特谈中国精神

施密特是中国人民的老朋友，他在 1975 年应周恩来的邀请来到中国，是第一位访问中国的德国总理，也是唯一一位与毛泽东见过面的德国总理。他积极促成了德国与中国建交。有媒体称，施密特不愧是中德关系的开拓者和推动者。施密特生前曾十余次访问中国，持续关注近几十年来中国在各方面的发展，并在自己的多本著作中畅谈对中国现状和未来发展的见解。当一些西方媒体和政客唱衰中国时，施密特表示：“我（对中国）依然保持乐观。一个高度文明的国家，存在了四千年以上，而且现在依然生机勃勃，这样的国家世界上只有一个。古罗马、古希腊、古埃及都已成过眼云烟，拉丁美洲文明也已经逝去——早已不再有印加人或者阿兹特克人——可是中国还在。中国从来没有过一种全国统一的宗教，但是他们有一位道德导师孔子，这或许就是他们的福气所在。”

（资料来源：大河网，http：//news. dahe. cn/2015/11－12/105975137. html）

【思考】

为什么只有中国还在呢？支撑中国强大的精神力量是什么？

案例 3　诗作欣赏：我爱这土地

艾青

假如我是一只鸟，
我也应该用嘶哑的喉咙歌唱：
这被暴风雨所打击着的土地，
这永远汹涌着我们的悲愤的河流，
这无止息地吹刮着的激怒的风，
和那来自林间的
无比温柔的黎明……
——然后我死了，
连羽毛也腐烂在土地里面。
为什么我的眼里常含着泪水？
因为我对这土地爱得深沉……

【思考】

这首诗表达了诗人艾青怎样的爱国情怀？如何理解“连羽毛也腐烂在土地里面”？

案例 4　嫦娥工程

2004 年，中国正式开展月球探测工程，并命名为“嫦娥工程”。嫦娥工程分为“无人月球探测”“载人登月”和“建立月球基地”三个阶段。2007 年 10 月 24 日 18 时 05 分，“嫦娥一号”成功发射，在圆满完成各项使命后，于 2009 年按预定计划受控撞月。2010 年 10 月 1 日 18 时 57 分 59 秒“嫦娥二号”顺利发射，也已圆满并超额完成各项既定任务。2012 年 9 月 19 日，月球探测工程首席科学家欧阳自远表示，探月工程正在进行“嫦娥三号”卫星和“玉兔号”月球车的月面勘测任务。“嫦娥四号”是“嫦娥三号”的备份星。嫦娥五号主要科学目标包括对着陆区的现场调查和分析，以及月球样品返回地球以后的分析与研究。

工程概况

发射人造地球卫星、载人航天和深空探测是人类航天活动的三大领域。重返月球，开发月球资源，建立月球基地已成为世界航天活动的必然趋势和竞争热点。开展月球探测工作是我国迈出航天深空探测第一步的重大举措。实现月球探测将是我国航天深空探测零的突破。月球已成为未来航天大国争夺战略资源的焦点。月球具有可供人类开发和利用的各种独特资源，月球上特有的矿产和能源，是对地球资源的重要补充和储备，将对人类社会的可持续发展产生深远影响。中国探月是我国自主对月球的探索和观察，又叫做嫦娥工程。国务院正式批准绕月探测工程立项后，绕月探测工程领导小组将工程命名为“嫦娥工程”、将第一颗绕月卫星命名为“嫦娥一号”。“嫦娥一号”卫星由中国空间技术研究院承担研制，主要用于获取月球表面三维影像、分析月球表面有关物质元素的分布特点、探测月壤厚度、探测地月空间环境等。“嫦娥四号”是“嫦娥三号”的备份星。而根据中国探月工程“绕”、“落”、“回”三步走战略。并计划在月球建立研究基地。

工程目标

1. 获取月球表面三维影像。划分月球表面的基本地貌构造单元，初步编制月球地质与构造纲要图，为后续优选软着陆提供参考依据。

2. 分析月球表面有用元素含量和物质类型的分布特点。对月球表面有用元素进行探测，初步编制各元素的月面分布图。

3. 探测月壤特性。探测并评估月球表面月壤层的厚度、月壤中 He-3 的资源量。

4. 探测地月空间环境。记录原始太阳风数据，研究太阳活动对地月空间环境的影响。

国防科学技术工业委员会副主任、国家航天局局长、绕月探测工程总指挥栾恩杰介绍，由月球探测卫星、运载火箭、发射场、测控和地面应用等五大系统组成的绕月探测工程系统届时将实现以下五项工程目标：

(1) 研制和发射我国第一个月球探测卫星；

(2) 初步掌握绕月探测基本技术；

(3) 首次开展月球科学探测；

(4) 初步构建月球探测航天工程系统；

(5) 为月球探测后续工程积累经验。

月球探测三期工程主要包括以下 5 个科学目标：

1. 探测区月貌与月质背景的调查与研究

利用软着陆机器人携带的原位探测分析仪器，获取探测区形貌信息，实测月表选定区域的矿物化学成分和物理特性，分析探测区月质构造背景，为样品研究提供系统的区域背景资料，并建立起实验室数据与月表就位探测数据之间的联系，深化和扩展月球探测数据的研究。探测区月貌与月质背景的调查与研究任务主要内容包括：

(1) 探测区的月表形貌探测与月质构造分析；

(2) 探测区的月壤特性、结构与厚度以及月球岩石层浅部(1～3 km)的结构探测；

(3) 探测区矿物/化学组成的就位分析。

2. 月壤和月岩样品的采集并返回地面

月球表面覆盖了一层月壤。月壤包含了各种月球岩石和矿物碎屑，并记录了月表遭受撞击和太阳活动历史；月球岩石和矿物是研究月球资源、物质组成与形成演化的主要信息来源。采集月壤剖面样品和月球岩石样品，对月表资源调查、月球物质组成、月球物理研究和月球表面过程及太阳活动历史等方面都具有重要意义。月壤岩芯明岩样品的采集并返回地面的任务主要内容包括：

(1) 在区域形貌和月质学调查的基础上，利用着陆器上的钻孔采样装置钻取月壤岩芯；

(2) 利用着陆器上的机械臂采集月岩/月壤样品；

(3) 在现场成分分析的基础上，采样装置选择采集月球样品；

(4) 着陆器和月球车都进行选择性采样，月球车可在更多区域选择采集多类型样品，最后送回返回舱。

3. 月壤与月岩样品的实验室系统研究与某些重要资源利用前景的评估

月壤与月岩样品的实验室系统研究与某些重要资源利用前景的评估任务主要内容包括：

(1) 对返回地球的月球样品，组织全国各相关领域的实验室进行系统研究，如物质成分(岩石、矿物、化学组成、微量元素、同位素与年龄测定)、物理性质(力学、电学、光学、声学、磁学等)、材料科学、核科学等相关学科的实验室分析研究；

(2) 月球蕴含丰富的能源和矿产资源，进行重要资源利用前景的评估，是人类利用月球资源的前导性工作，可以为月球资源的开发利用以及人类未来月球基地建设进行必要的准备；根据月球蕴含资源的特征，测定月球样品中 He-3、H、钛铁矿等重要资源的含量，研究其赋存形式；

(3) 开展 He-3 等太阳风粒子的吸附机理和钛铁矿富集成矿的成因机理研究；

(4) 开展 He-3、H 等气体资源提取的实验室模拟研究。

4. 月壤和月壳的形成与演化研究

月壤的形成是月球表面最重要的过程之一，是研究大时间尺度太阳活动的窗口。月球演化在 31 亿年前基本停止，因此月表岩石和矿物的形成与演化可反映月壳早期发展历史；

月球表面撞击坑的大小、分布、密度与年龄记录了小天体撞击月球的完整历史，是对比研究地球早期演化和灾变事件的最佳信息载体。

5. 月基空间环境和空间天气探测

太阳活动是诱发空间环境与空间天气变化的主要因素，对人类的航天等活动有重大影响。在月球探测三期工程中空间环境与空间天气探测包括以下内容：

(1) 空间环境探测器

记录宇宙线、太阳高能粒子和低能粒子的通量和能谱，分析与研究太阳活动和地月空间环境的变化；探测太阳风的成分与通量，为月壤成熟度和 He-3 资源量的估算提供依据。

(2) 甚低频射电观测

在月面安置由两个天线单元组成的甚低频干涉观测阵，长期进行太阳和行星际空间的成图和时变研究，建立世界上第一个能够观测甚低频电磁辐射的长久设施。

工程方案

中国航天科技工作者早在 1994 年就进行了探月活动必要性和可行性研究，1996 年完成了探月卫星的技术方案研究，1998 年完成了卫星关键技术研究，以后又开展了深化论证工作。经过 10 年的酝酿，最终确定中国整个探月工程分为"绕"、"落"、"回"三个阶段。

第一步为"绕"，即发射我国第一颗月球探测卫星，突破至地外天体的飞行技术，实现月球探测卫星绕月飞行，通过遥感探测，获取月球表面三维影像，探测月球表面有用元素含量和物质类型，探测月壤特性，并在月球探测卫星奔月飞行过程中探测地月空间环境。第一颗月球探测卫星"嫦娥一号"已于 2007 年 10 月 24 日发射。

第二步为"落"，时间定为 2013 年下半年。即发射月球软着陆器，突破地外天体的着陆技术，并携带月球巡视勘察器，进行月球软着陆和自动巡视勘测，探测着陆区的地形地貌、地质构造、岩石的化学与矿物成分和月表的环境，进行月岩的现场探测和采样分析，进行日—地—月空间环境监测与月基天文观测。具体方案是用安全降落在月面上的巡视车、自动机器人探测着陆区岩石与矿物成分，测定着陆点的热流和周围环境，进行高分辨率摄影和月岩的现场探测或采样分析，为以后建立月球基地的选址提供月面的化学与物理参数。

第三步为"回"，时间在 2014 年至 2020 年之间。即发射月球软着陆器，突破自地外天体返回地球的技术，进行月球样品自动取样并返回地球，在地球上对取样进行分析研究，深化对地月系统的起源和演化的认识。目标是月面巡视勘察与采样返回。

工程计划

绕月探测工程是我国月球探测的第一期工程，即研制和发射第一颗月球探测卫星。该星将环绕月球运行，并将获得的探测数据资料传回地面。该工程由探月卫星、运载火箭、发射场、测控和地面应用五大系统组成。现已确定探月卫星主要利用"东方红三号"卫星平台，运载火箭采用"长征三号甲"火箭，发射场选用西昌卫星发射中心，探测系统利用现有航天测控网，地面应用系统由中国科学院负责开发。

具体计划是，"长征三号甲"火箭从西昌发射中心起飞，将"嫦娥一号"卫星送入地球同步转移轨道后实现星箭分离，卫星最后进入环绕月球南、北极的圆形轨道运行，并对月球进行探测，轨道距离月面的高度为 200 公里。

设计寿命为一年的“嫦娥一号”卫星，携带立体相机、成像光谱仪、激光高度计、微波辐射计、太阳宇宙射线检测器和低能离子探测器等多种科学仪器，对月球进行探测。它在环月飞行执行任务期间，主要获取月面的三维影像，分析月面有用元素含量和物质类型的分布特点，探测月球土壤厚度，检测地月空间环境。其中前三项是国外没有进行过的项目，第四项是我国首次获取 8 万公里以外的空间环境参数。此外，美国曾对月球上的 5 种资源进行探测，我国将探测 14 种，其中重要的目标是月球上的 He-3 资源。He-3 是一种安全高效而又清洁无污染的重要燃料，据统计，月球上的 He-3 可以满足人类 1 万年以上的供电需求。月球土壤中的 He-3 含量可达 500 万吨。

嫦娥工程是一个完全自主创新的工程，也是我国实施的第一次探月活动。工程自 2004 年 1 月立项，2007 年 10 月 24 日在西昌卫星发射中心成功发射升空。月球探测是一项非常复杂并具高风险的工程，到目前为止，人类共发射月球探测器 122 次，成功 59 次，成功率为 48%。“中国长征三号甲”运载火箭的成功率为 100%。

“嫦娥一号”月球探测卫星于 2007 年 10 月 24 日在西昌卫星发射中心由“长征三号甲”运载火箭发射升空。运行在距月球表面 200 千米的圆形极轨道上执行科学探测任务。“嫦娥一号”的运载火箭长征 3A 火箭共执行过 14 次发射任务，成功率为 100%。“嫦娥一号”探月任务有绘制全月球的三维立体地图、探测月球的物质成分、探测月壤特性、探测地球与月球间的太空环境等四大科学目标。2009 年 3 月 1 日 16 时 13 分 10 秒，“嫦娥一号”卫星准确落于月球东经 52.36 度、南纬 1.50 度的预定撞击点。至此，中国探月一期工程也宣布完美落幕。

2010 年 10 月 1 日 18 时 59 分 57 秒，搭载着“嫦娥二号”卫星的“长征三号”丙运载火箭在西昌卫星发射中心点火发射。“嫦娥二号”主要任务是获得更清晰、更详细的月球表面影像数据和月球极区表面数据，因此卫星上搭载的 CCD 照相机的分辨率将更高，其他探测设备也将有所改进。为“嫦娥三号”实现月球软着陆进行部分关键技术试验，并对“嫦娥三号”着陆区进行高精度成像。进一步探测月球表面元素分布、月壤厚度、地月空间环境等。从 2010 年 11 月 27 日开始，“嫦娥二号”卫星上的 CCD 相机将为月球虹湾区进行拍照。照片会陆续传回。之后，“嫦娥二号”将进入长期管理阶段，它会完成一系列的科学探测任务。另外，在做好“嫦娥二号”后续工作的同时，科研工作者也将工作重心转向了 对“嫦娥三号”的研制开发。

2013 年 9 月 11 日“嫦娥三号”乘飞机转运抵西昌发射场。并于 12 月 2 日 1 时 30 分由“长征三号乙”运载火箭从西昌卫星发射中心发射。它携带中国的第一艘月球车，并实现了中国首次月面软着陆。2013 年 11 月 26 日月球车正式命名为“玉兔号”。

“嫦娥四号”是“嫦娥三号”的备份星。

根据中国探月工程“绕”、“落”、“回”三步走战略，探月工程三期主要实现采样返回，其主要任务由“嫦娥五号”月球探测器承担。“嫦娥五号”主要科学目标包括对着陆区的现场调查和分析，以及月球样品返回地球以后的分析与研究。

为了实现科学目标，“嫦娥五号”将搭载多种有效载荷，主要包括降落相机、光学相机、月球矿物光谱分析仪、月壤气体分析仪、月球地热资源探测器、月壤结构探测仪、采样剖面测温仪、岩芯钻探机和机械取样器等。

今天，逐月路上的国家，不仅有美国、俄罗斯、中国这样的大国，也有欧洲诸国、印度、日本、韩国等小一些的国家。再想悍然“宣布”月球为某一国的领土，估计很难成功。与有些国家试图抢占尽可能多的“月球领土”不同，中国的嫦娥不是“战神”，而是“和平女神”。

（资料来源：嫦娥工程，百度百科，网址：http://baike.baidu.com/view/27884.htm）

【思考】

中国探月工程对中国未来的发展有什么重要战略意义？

案例5 马云谈创业创新

很多人困惑中国为什么出不了乔布斯。其实美国也是几百年才出了这么一个奇葩，这样的人是不可能批量产出的，而且要是真的批量产出，这世界就乱了，麻烦就大了。

很多年前我在美国出差，突然乔布斯邀请我去他办公室见面，那时候苹果还没有生产手机，怀着对前辈传奇人物的敬仰，我欣然前往。会谈处极其简洁、精致，体现出非常高的审美品位。乔布斯依旧穿着精致的黑色T恤、牛仔裤，小眼镜配上修剪得体的胡子。嘿嘿，我感觉自己就像是个土农民，不是感觉，也确实土。

谈了一个小时，大概40分钟他问得都是和手机有关的问题，问大量关于深圳制造手机的厂家、零部件。说实话，感觉不像是交流，而是在询问和查问啥事。他从没来过中国，但似乎对深圳的手机制造很感兴趣。我当时颇为纳闷，他为何对手机如此有兴趣。半年后，苹果隆重推出iphone，而制造业基地在广东。呵呵，我恍然大悟。

很多人，特别是我自己，只适合远观，绝对经不起近看，身上的毛病连自己都会觉得恶心。我对老乔的感觉是，他是旷世奇才，值得敬仰和钦佩，但可能交朋友会较难，因为他最信任的朋友是他的创新事业。

也谈谈创新。其实，乔布斯要是今天还活在世界上，很多人就未必会喜欢他，甚至会恨他。因为他必须面对：

① 是否有持久创新的能力；

② 他的创新是否能满足人们的需要；

③ 如果他有持久创新的能力，那么他一定会因为破坏力的强大而招恨，因为创新就是意味着对昨天体系的挑战。有人喜欢就会有人讨厌。

要想有持续创新能力，关键在于制度创新。而制度创新就是需要对今天的既得利益群体进行重新分配，是对今天成功者的挑战。

人人都喜欢谈创新，但其实创新是一种责任，一种担当，一种毅力，更是一种代价。创新者的第一能力是生存能力和抗击打力。

创新者最需要的是在一个幸运的时间，幸运地碰上一个好上级，或者幸运地在上级没有搞清楚是啥的时候就幸运地发生了。

大创新更是一种生产力，它需要好的生产关系。

遗憾的是，创新者往往不是在成功前被弄死，就是在成功以后被恨死。创新者会死，但创新不会死！

（资料来源：http://www.360doc.com/content/14/0401/08/1750800_365368683.shtml）

【思考】

马云是不是一个改革创新者？你怎么理解马云说的“创新者会死，但创新不会死”？

三、经典视频思考

❶ 《江南记忆：茅以升 1937》视频简介

该视频片段摘自中央电视台综合频道（CCTV1）的一档纪录片栏目《见证·影像志》。记录了我国现代桥梁之父茅以升与中国自主设计建造的第一座钢铁大桥——钱塘江大桥的故事。

提起钱塘江大桥，人们都会想到茅以升。茅以升自己也曾在多年后回忆：“自 1919 年 12 月，我归国为社会服务，在几十年的征程中，我所做的工作最引人注目的就是主持建造钱塘江大桥工程。”钱塘江大桥建成于抗日烽火之中，它不仅在中华民族抗击外来侵略者的斗争中书写了可歌可泣的一页，也是我国桥梁建筑史上的一座里程碑，同时它也是我国桥梁工程师的摇篮。而这座大桥经历的一段传奇，却是最令人难忘的。

上世纪 30 年代，正在兴建中的浙赣铁路要与沪杭铁路衔接，需在钱塘江上架设一座大桥。1934 年，时任钱塘江大桥桥工处处长的茅以升，受命开始主持这第一座由中国人自己修建的钢铁大桥工程。之前，在中国的大川大河上，虽已有一些大桥，但都是外国人造的：济南黄河大桥是德国人修的，蚌埠淮河大桥是美国人修的，哈尔滨松花江大桥是俄国人修的……可以想象，茅以升担负着一项前所未有的重任，他要用自己的智慧来证明中国人有能力建造现代化大桥。

钱塘江又称钱江，地处入海口，潮水江流，汹涌澎湃，风波甚为险恶，其潮头壁立的钱江潮与随水流变迁无定的泥沙是建桥的两大难题。茅以升在造桥过程中，克服了许许多多的困难，他曾采用“射水法”、“沉箱法”、“浮运法”等，解决了建桥中的一个个技术难题，保证了大桥工程的进展。

至 1937 年，大桥快要竣工之际，上海“八一三”战争爆发了！钱塘江大桥还未交付使用就先经受了抗日战火的洗礼。茅以升说，在“八一三”的第二天，即 8 月 14 日就有三架日军飞机来工地轰炸，当时他正在 6 号桥墩水下 30 公尺的沉箱里和几个工程师及监工员商量问题，忽然沉箱里电灯全灭，一片黑暗，原来因日军飞机轰炸，工地关闭了所有的电灯。这次日机轰炸是江、浙一带的第一次。

工程未完，战火已烧到了钱塘江边，此时江中的桥墩，还有一座未完工，墩上的两孔钢梁无法安装，在此后的 40 多天里，建桥的工人们同仇敌忾，以极大的爱国热情，冒着敌人炸弹爆炸的尘烟，夜以继日地加速赶工，1937 年 9 月 26 日清晨，第一列火车从大桥上通过。在通车的当日,运送大批军火物资的列车就开始陆续从这座大桥上通过了。

此后,上海的抗战形势一天比一天吃紧。同年 11 月 16 日下午,南京工兵学校的一位教官在桥工处找到茅以升,向他出示了一份南京政府绝密文件,并简单地介绍了当前十分严峻的形势后说:“如果杭州不保,钱塘江大桥就等于是给日本人造的了!”南京政府的文件上,要求炸毁钱江桥,这是不得已而为之的事。南京来人还透露,炸桥所需炸药及爆炸器材已直接由南京运来,就在外边的汽车上。

集两年半心血建成的大桥,铁路刚刚通车,就要自己亲手去炸毁它,这真是一件痛心的事情,茅以升经历着一生中最痛苦的时刻。同工程技术人员商量和慎重考虑后,最后订下了炸桥方案。

当天晚上,所有的炸药就都安放到了南岸第二个桥墩内和五孔钢梁的杆件上,100 多根引线,从一个个引爆点连接到南岸的一所房子里,只等一声命令,就把大桥的五孔一墩全部炸毁。

11 月 17 日凌晨,茅以升接到浙江省政府的命令,因大量难民涌入杭州,渡船根本不够用,钱塘江大桥公路部分必须于当天全面通车。浙江省政府此时也不知道大桥上刚刚装置了炸药,因此事是高度保密的。大桥公路的路面早在一个多月前就已竣工了,只因怕敌机轰炸,尚未开放,现在何以又叫通车呢?原来,杭州三廊庙到西兴的过江义渡,平时每天就有一两万人来往,上海战事爆发后,过江的人更多了,渡江的船本来就不够用,不料在 16 日又因故沉没了一只,等待过江的人太多,加上战事更紧,形势严重,迫不得已省政府才决定开放大桥。当日,大桥全面通车,这一天,得到消息的人们,从杭州、宁波远道而来,成千上万的群众来到六和塔下的钱塘江边,甚至连六和塔上也都站满了人。第一辆汽车从大桥上驶过时,两岸数十万群众掌声雷动,场面十分感人。但有谁能知道,数百公斤炸药此时就安置在桥身上,这座由中国人自己设计施工建造的大桥在落成之日,竟然就已面临着被炸毁的命运!

12 月 22 日,日军进攻武康,窥伺富阳,杭州危在旦夕了。钱江大桥上南渡的行人更多,固不必说,而铁路方面,上海和南京之间已不能通车,钱江大桥成了撤退的唯一通道,据当时的铁路局估计,22 日这一天有 300 多台机车和超过 2 000 节客货车通过大桥。

第二天,1937 年 12 月 23 日,日军开始攻打杭州,当天下午 1 点多钟,茅以升终于接到命令:炸桥。下午 3 点,炸桥的准备工作全部就绪。他站在桥头看着桥上黑压压涌过来的难民,心头涌起对日寇无比的愤怒。傍晚 5 时,日军骑兵扬起的尘烟已然隐隐可见,茅以升命令关闭大桥,禁止通行,实施爆破!

随着一声巨响,这条 1 453 米的卧江长龙被从六处截断。这座历经了 925 天夜以继日的紧张施工,耗资 160 万美元的现代化大桥,仅仅存在了 89 天。

大桥炸毁的这一天晚上,茅以升在书桌前写下了八个字:“抗战必胜,此桥必复”;并赋诗一首,“斗地风云突变色,炸桥挥泪断通途;五行缺火真来火,不复原桥不丈夫”。

大桥炸毁后,桥工处全部撤退,茅以升带着在钱塘江大桥建设过程中的所有图表、文卷、相片等 14 箱重要资料一起撤退。整个抗日战争时期,茅以升一家在躲避战乱的路途中舍弃了许多家什,却将这些珍贵的资料尽数保存了下来,新中国成立后移交给上海铁路局和浙江省档案馆，成为国家重点档案中的珍品，并为探明杭州市水文情况及建设钱江二桥节省了大量资金。这是后话。

抗日战争胜利了，茅以升又受命组织修复大桥，1948 年 3 月，全部修复工程结束，钱塘江大桥又重新飞跨在钱塘江的波涛之上。

至此，茅以升主持的钱江大桥工程，前后 14 年，经历了建桥、炸桥、修桥三个时期，这是古今中外建桥史上从未有过先例的事情。

【思考】

1. 茅以升为何要建桥？为何要炸桥？为何又要修桥？在这个过程中，作为总设计师的茅以升心情会有什么样的变化？他是如何应对的？

2. 除了茅以升，还有哪些人为钱塘江大桥的建成通车贡献了力量？体现了什么样的精神？

3. 茅以升 23 岁在美国获得工学博士学位，被称为“娃娃博士”，他为何放弃美国优厚的工作、生活条件执意回到当时战火纷飞的中国？如果你是茅以升，你会如何选择？

2 《建国大业》视频简介

该片是建国 60 周年广电总局最重要的献礼作品之一。围绕着第一届中国人民政治协商会议的召开前后，以毛泽东为首的中共中央在 1948 年发布“五一口号”创作——“各民主党派、各人民团体及社会贤达，迅速召开政治协商会议，讨论与实现召集人民代表大会，成立民主联合政府。为了成立新的政府，推翻国民党反动派的统治，必须召开政治协商会议”。

整个剧本结构集中在毛泽东与宋庆龄、李济深、张澜这三位后来当选为国家副主席的非中共人士的关系上，情节起伏，情感浓重，生动地再现了中国共产党人与中国民主党派在漫长的革命岁月里结下的深厚情谊，《建国大业》在角度和题材上有出新，而在领袖的塑造上，将更加人性化、生活化，充分展示出领袖的内心世界，把领袖还原成一个个普通人。

1945 年 8 月抗战胜利，中共毛泽东主席应国民党蒋介石之邀毅然飞赴重庆，与国民党蒋介石进行和平谈判，毛主席在重庆与民盟主席张澜等民主党派领导人密切协商配合，共同努力推动谈判进程，使国共双方终于签订了以避免内战、在政治协商的基础上组建多党派联合政府为主要内容的《双十协定》。但是，国民党蒋介石无法放弃一党专制的独裁迷思，一方面发动了对共产党的内战，一方面炮制召开首届国民大会的独角戏，并对民主党派大肆迫害镇压，实际撕毁了《双十协定》。

中国共产党制定了针锋相对、以革命战争反对反革命战争的方针。开始坚决的武装反击，众多民主党派领导人纷纷采取了与中共站在一起的立场，坚决反对和抵制蒋介石独裁行径，以实际行动与国民党决裂了。

在反对国民党独裁统治的共同斗争中，身处延安西柏坡战争前线的毛泽东、周恩来，与身在蒋管区和香港等地的宋庆龄、张澜、李济深等著名民主党派领袖虽然分隔远方，但心气相通，肝胆相照。他们在为人民解放战争的不断胜利而共同欢欣鼓舞的同时，也开始为如何建立一个民主的新中国而未雨绸缪思考谋划。

1948 年 5 月，中国共产党发表《五一宣言》，发出了打倒国民党反动派，迅速召开新的政治协商会议，成立民主联合政府的号召，这个号召得到各民主党派的热烈响应。此后，在战场上共产党领导的人民解放战争节节胜利的同时。一个反对国民党统治的民主统一战线也不断发展壮大，大批民主人士在共产党的诚恳邀请和精心安排下，历经艰险，从蒋管区，从香港、从国外纷纷奔赴解放区。

1949 年 9 月 21 日，群英荟萃的中国人民政治协商会议第一届全体会议在北京隆重召开，此后九天，中华人民共和国于 1949 年 10 月 1 日正式成立。

【思考】

1. 各民主党派为何放弃“第三条道路”，转而相应中国共产党成立民主联合政府的号召？
2. 结合影片谈谈你对爱国主义深刻内涵和基本要求的理解。
3. 爱国主义在中华人民共和国成立的过程中发挥了怎样的作用？

3 《八月一日》视频简介

1927 年 4 月 12 日，蒋介石大肆屠杀共产党人和革命群众，周恩来在上海组织的第三次工人罢工彻底失败，周恩来随即回到武汉。

此时，国共合作的北伐战争也在轰轰烈烈地展开，时任独立十五师师长的贺龙在国民革命军二方面军总指挥张发奎的率领下在前线冲锋陷阵，部下魏老三、赵福生、李虎子等北伐官兵奋勇厮杀，在付出巨大牺牲之后，终于取得了中原大战的胜利。然而就在北伐战争频频报捷之际，长沙发生了“马日事变”，共产党人遭到再次屠杀。

此时的武汉国民政府为了获取民心，停止了北伐，部队全部撤回武汉，要以“东征讨蒋”的名义继续进军，但是实际用意却是清除队伍中的共产党。

陈独秀领导下的共产党人陷入深深的迷茫中，在是否开展武装暴动的问题上争论不休。不久，陈独秀辞去中共中央总书记的职务，毛泽东也离开武汉回到湖南农村投身农民运动，此时的周恩来感到革命之路步履维艰。他在与张国焘、李立三商讨之后，认为革命道路要想继续下去，只有抓住枪杆子，实行武装暴动。暴动关键是要依托叶挺的十一军和贺龙的二十军，而蒋介石、唐生智在贺龙升任二十军军长之际送来厚礼，想要借此拉拢二十军。贺龙看出汪精卫等人的狼子野心，并不为所动。

此时的武汉汇集了众多的革命人士，朱德，刘伯承等一大批革命者来到了武汉。

周恩来面见贺龙，两人相谈甚欢，周恩来要贺龙参加暴动，此时团长魏老三带着偷枪不成的老乡大湘来找贺龙，听到大湘父母被害的不幸遭遇和执意扛枪北伐的愿望，贺龙坚定了与共产党合作的决心，部队开往九江。

周恩来紧急约见朱德、刘伯承、聂荣臻、陈毅等部署起义任务，之后他在雨夜挥别了邓颖超，踏上了去九江的渡轮。

此时的汪精卫已经彻底叛变革命，大肆屠杀共产党人，九江街头一派白色恐怖。汪精卫想借庐山开会之机，调贺龙和叶挺上山，囚禁两人。时任第四军参谋长的叶剑英立即下山报信，同聂荣臻、贺龙、叶挺、李立三等在九江甘棠湖召开了意义重大的“小船会议”，会议决定部队立即开往南昌。

九江火车站，贺龙的部队正在登车，而魏老三手下的三营营长赵福生却因为不满贺龙跟着共产党走而蛊惑军心，贺龙要枪毙他，李虎子为报战场赵福生的救命之恩，开枪打中贺龙的帽子。贺龙言明了自己的立场，部队也随即开往九江。

汪精卫紧急召开会议，要求立即炸毁涂家埠桥以阻挡叶挺、贺龙两支部队到南昌汇合，未果。

周恩来来到江西大旅社门口，被站岗的粟裕挡在了门外，随后去找朱德和刘伯承。起义在即，周恩来承受了巨大的压力，朱德和刘伯承坚定了周恩来起义的信心。

贺龙和叶挺两支部队刚到南昌，却因粮食动起手来。叶挺在训练场鞭打了团长赵天亮，贺龙在靶场通过自罚教育了团长魏老三，让他明白了自己的部队已经不再是土匪，是革命军。

7 月 28 日，江西大旅社内，前敌委员会书记周恩来任命贺龙为起义总指挥，叶挺为前敌总指挥，刘伯承为参谋团参谋长，起义蓄势待发。就在此时，陈赓拿来张国焘的电报：“暴动慎重，一切待我到后再定。”

面对张国焘的质疑，周恩来毅然决定起义，面对指挥部大楼前整装待发的起义军宣布：“明天是 8 月 1 日，起义时间定在凌晨四点！口令：山河统一！”

1927 年 8 月 1 日凌晨 2 点，随着赵福生叛变被枪决的一声炸响，南昌起义提前两小时到来了！在拿下新营房、省政府等重要据点后，部队全部主力集中到了南城门，敌人火力非常猛烈，李虎子为救孩子牺牲，赵天亮推着炸药车炸开了城墙，魏老三率领突击队攻上城楼，壮烈牺牲，他用自己的最后一口气将南昌起义的大旗插在了南城门上，南昌起义最终取得了胜利！

周恩来庄严宣布：“今天，是八月一日，中国共产党独立领导的第一支革命军队在南昌诞生了！”

【思考】

1. 影片中哪个人物形象给你留下了最深的印象？为什么？
2. 个人奋斗与国家民族的前途命运有何关系？如何处理这种关系？

4 《建党伟业》视频简介

1911 年冬，孙中山从海外归来，翌年 1 月 1 日就任临时大总统。与此同时毛泽东参加了光复新军。很快，袁世凯凭借强大的军事实力和在皇室中的威信，从孙文手中取得了大元帅之身份，北洋民国政府成立。同年 10 月，国民党成立。

1914 年夏天第一次世界大战爆发，1915 年袁世凯同日本定下密约二十一条并且更改国体，自封为中华帝国皇帝，自此走上了一条不归路。孙中山与蔡锷成立护国军，出师讨袁。很快袁世凯便在举国声讨中黯然死去了。

之后又随着张勋复辟的失败，中国进入了军阀割据的混战局面。而毛泽东、李大钊、周恩来等人虽身处不同地方，但都在内心思索着救国救亡之路，命运的相会即将到来。

1917年冬，俄国"十月革命"胜利。1918年冬，一战以同盟国的失败而告终，北洋政府派遣使团出席巴黎和会。但是英美等国为制约已赤化的俄国，将青岛以及胶州湾割让给了日本人，完全无视中国的利益。1919年夏天，轰轰烈烈的"五四运动"爆发了。经历了以上种种，中国的进步青年们发现西方列强完全靠不住，而列宁的成功如今却如同一盏明灯，为他们指引了方向。

1920年3月，维经斯基来到中国，准备在远东建立共产国际支部。1921年3月，陈独秀、李大钊、蔡和森等人彼此来往交流，誓要建立代表无产阶级的政党。1921年7月22日，十三位来自全国各地的党员代表集结在上海博文女校宿舍，"中国共产党"在众人齐声吟唱的《国际歌》中呼之欲出！

【思考】

1. 辛亥革命的果实为什么会被袁世凯窃取？
2. 结合影片谈谈中国共产党诞生的历史背景。
3. 现实生活中我们怎么看待党的历史功绩和失误？

5 《寻找微尘》视频简介

农村女孩杨念念以优异成绩考取山东大学，却因家境贫寒无力负担学费，只能选择放弃求学回家帮助母亲谋生计。一位青岛女老板偶然光顾念念母亲的煎饼摊时知道了这件事情，便以"微尘"的名义匿名给念念寄了1万元学费，帮她圆了大学梦。不幸的是，没多久念念母亲患重病，她不得不中途退学，再次与大学生活失之交臂。

既然不上学了，念念母女决定把学费还给捐资人，娘俩东拼西凑了1万块钱。可是，就在去青岛的路上，母亲病情加重，被送到医院急救。医生告诉念念，必须尽快动手术切除母亲身上的肿瘤，否则将危及生命，而治疗费大约需要十几万元，这对念念母女来说无异于天文数字。为了筹集救命钱，念念四处求职，最终进入一家酒店干洗碗工，这项繁重的工作曾经累趴下三个大男人，而坚韧的念念却一直坚持了下来。但这份微薄的收入对于治疗费而言，不过是杯水车薪。在母亲病情日益恶化的情况下，念念动摇了，她偷偷拿走那1万元钱准备交医药费，却被尾随而至的母亲坚决拒绝。

这个时候，青岛广播电台主持人唐影正在不断通过电波寻找"微尘"——一个因屡次匿名捐款扶危济困而被《青岛早报》关注的新闻人物。杨念念听到广播，也找到了唐影，希望她帮助自己寻找恩人"微尘"。唐影在了解了念念母女的故事后大为感动，向听众朋友们发出了"帮帮念念"的深情呼唤。一时间，红十字会的捐助点前面排起了长队，热心的市民从四面八方赶过来，一个又一个"微尘"将无私的关爱汇聚到念念母女手中。

手术如期进行。中途，却又突然发生了血管破裂的险情。当"患者需要AB型血"的紧急通知通过电波传出之后，人们再次行动起来，休假途中的军人、长途车司机和乘客、准备拍婚纱照的小情侣、的哥、交警……爱的接力棒在血脉间流淌和传递。

最终，唐影发现，曾经给杨念念捐款1万元学费的“微尘”就是念念打工所在酒店的女老板白总。可是，白总却只承认了捐资助学，否认了最初的那个“微尘”与自己有关。那么，“微尘”究竟是谁呢？

【思考】

1. “微尘”究竟是谁呢？
2. “微尘”代表了一种什么样的精神？

⑥ 《大国重器》视频简介

《大国重器》是由中央电视台财经频道（CCTV-2）制作的高清纪录片，展现中国装备制造业成就，讲述充满中国智慧的机器制造故事。

《大国重器》包括：《大国重器第一季》《大国重器第二季》。

《大国重器》以独特的视角记录了中国装备制造业创新发展的历史。该片将镜头对准了普通的产业工人和装备制造业企业转型升级创新中的关键人物，真实记录了他们的智慧、生活和梦想，通过人物故事和制造细节，鲜活地讲述了充满中国智慧的机器制造故事，再现了中国装备制造业从无到有，赶超世界先进水平背后的艰辛历程，展望了中国装备制造业迈向高端制造的未来前景。

【思考】

近五年来中国取得了改革开放和社会主义现代化建设的历史性成就。在实现中国梦的伟大进程中，作为一名大学生应该做出哪些努力？

四、推荐活动主题

讨论：

1. 中国有国家精神吗？
2. 中国精神的来源是什么？
3. 如何看待今日中国之国家精神？
4. 家国情感对中华民族精神意味着什么？
5. 我们这个时代需要什么样的精神？
6. 当代大学生如何成为改革创新的生力军？

演讲：

1. 我和我的家乡
2. 祖国在我心中
3. 国家尊严无小事

4. 我心中的“中国精神”

辩论：

1. 正方观点:蔡铭超拍下兽首不付款的行为是爱国主义行为
   反方观点:蔡铭超拍下兽首不付款的行为不是爱国主义行为
2. 正方观点:爱国行重于爱国心
   反方观点:爱国心重于爱国行
3. 正方观点:抵制日货是爱国行为
   反方观点:抵制日货不是爱国行为
4. 正方观点:奥运比赛中体育精神更重要
   反方观点:奥运比赛中竞赛成绩更重要
5. 正方观点:中国人应该过西方节日
   反方观点:中国人不应该过西方节日
6. 正方观点:提升软实力传承更重要
   反方观点:提升软实力创新更重要

◆资料链接:圆明园鼠、兔兽首在2009年2月26日凌晨被高价拍出后,一时间评论纷纷。中国国家文物局和圆明园管理处均重申了反对圆明园兔、鼠首拍卖的立场。

有关兽首拍主的谜团在3月2日上午被揭晓,竞拍成功的便是收藏家蔡铭超。

中华抢救流失海外文物专项基金副总干事牛宪峰,在北京召开的新闻发布会上说,中华抢救流失海外文物专项基金收藏顾问蔡铭超参与了圆明园兔、鼠首在法国巴黎的拍卖,并成为了最后竞拍者。牛宪峰介绍了当天参加拍卖会的情况:蔡铭超当时做了一个委托,本意是看一下拍卖现场的情况,如果撤拍或流拍,就不参与了;如果是进入了正常拍卖程序,就会进一步关注。“在现场拍卖师报价900万、1 000万和1 100万欧元的情况下,我们参与了竞拍,最终这两件鼠首兔、首铜像以总共3 149万欧元落槌。”

拍得圆明园鼠兔首的身份被曝光后,蔡铭超3月2日在新闻发布会上表示:“作为一个中国人,在这种时刻都应该站出来,我只是尽到了自己的责任,发出我们的声音。但是,这个款我不能付。

第四章
践行社会主义核心价值观

一 实践能力目标

1、正确理解社会主义核心价值观的科学内涵，理解社会主义核心价值观与社会主义核心价值体系的关系。

2、理解社会主义核心价值观的历史底蕴、现实基础和道义力量，坚定核心价值观自信。

3、领会习近平总书记关于社会主义核心价值观的论述的精神，自觉践行社会主义核心价值观，努力成为培育和弘扬社会主义核心价值观最积极、最活跃、最充分的青年先进代表。

二 经典案例思考

案例1 青年要自觉践行社会主义核心价值观——习近平在北京大学师生座谈会上的讲话

各位同学，各位老师，同志们：

今天是五四青年节，很高兴来到北京大学同大家见面，共同纪念五四运动95周年。首先，我代表党中央，向北京大学全体师生员工，向全国各族青年，致以节日的问候！向全国广大教育工作者和青年工作者，致以崇高的敬意！

刚才，朱善璐同志汇报了学校工作情况，几位同学、青年教师分别作了发言，大家讲得都很好，听后很受启发。这是我到中央工作以后第五次到北大，每次来都有新的体会。在洋溢着青春活力的校园里一路走来，触景生情，颇多感慨。我感到，当代大学生是可爱、可信、可贵、可为的。

五四运动形成了爱国、进步、民主、科学的五四精神，拉开了中国新民主主义革命的序幕，促进了马克思主义在中国的传播，推动了中国共产党的建立。五四运动以来，在中国共产党领导下，一代又一代有志青年“以青春之我，创建青春之家庭，青春之国家，青春之民族，青春之人类，青春之地球，青春之宇宙”，在救亡图存、振兴中华的历史洪流中谱写了一曲曲感天动地的青春乐章。

北京大学是新文化运动的中心和五四运动的策源地，是这段光荣历史的见证者。长期以来，北京大学广大师生始终与祖国和人民共命运、与时代和社会同前进，在各条战线上为我国革命、建设、改革事业作出了重要贡献。

党的十八大提出了“两个一百年”奋斗目标。我说过，现在，我们比历史上任何时期都更接近实现中华民族伟大复兴的目标，比历史上任何时期都更有信心、更有能力实现这个目标。

行百里者半九十。距离实现中华民族伟大复兴的目标越近，我们越不能懈怠、越要加倍努力，越要动员广大青年为之奋斗。

光阴荏苒，物换星移。时间之河川流不息，每一代青年都有自己的际遇和机缘，都要在自己所处的时代条件下谋划人生、创造历史。青年是标志时代的最灵敏的晴雨表，时代的责任赋予青年，时代的光荣属于青年。

广大青年对五四运动的最好纪念，就是在党的领导下，勇做走在时代前列的奋进者、开拓者、奉献者，以执着的信念、优良的品德、丰富的知识、过硬的本领，同全国各族人民一道，担负起历史重任，让五四精神放射出更加夺目的时代光芒。

同学们、老师们！

大学是一个研究学问、探索真理的地方，借此机会，我想就社会主义核心价值观问题，同各位同学和老师交流交流想法。

我想讲这个问题，是从弘扬五四精神联想到的。五四精神体现了中国人民和中华民族近代以来追求的先进价值观。爱国、进步、民主、科学，都是我们今天依然应该坚守和践行的核心价值，不仅广大青年要坚守和践行，全社会都要坚守和践行。

人类社会发展的历史表明，对一个民族、一个国家来说，最持久、最深层的力量是全社会共同认可的核心价值观。核心价值观，承载着一个民族、一个国家的精神追求，体现着一个社会评判是非曲直的价值标准。

古人说：“大学之道，在明明德，在亲民，在止于至善。”核心价值观，其实就是一种德，既是个人的德，也是一种大德，就是国家的德、社会的德。国无德不兴，人无德不立。如果一个民族、一个国家没有共同的核心价值观，莫衷一是，行无依归，那这个民族、这个国家就无法前进。这样的情形，在我国历史上，在当今世界上，都屡见不鲜。

我国是一个有着13亿多人口、56个民族的大国，确立反映全国各族人民共同认同的价值观“最大公约数”，使全体人民同心同德、团结奋进，关乎国家前途命运，关乎人民幸福安康。

每个时代都有每个时代的精神，每个时代都有每个时代的价值观念。国有四维，礼义廉耻，“四维不张，国乃灭亡”。这是中国先人对当时核心价值观的认识。在当代中国，我们的民族、我们的国家应该坚守什么样的核心价值观？这个问题，是一个理论问题，也是一个实践问题。经过反复征求意见，综合各方面认识，我们提出要倡导富强、民主、文明、和谐，倡导自由、平等、公正、法治，倡导爱国、敬业、诚信、友善，积极培育和践行社会主义核心价值观。富强、民主、文明、和谐是国家层面的价值要求，自由、平等、公正、法治是社会层面的价值要求，爱国、敬业、诚信、友善是公民层面的价值要求。这个概括，实际上回答了我们要建设什么样的国家、建设什么样的社会、培育什么样的公民的重大问题。

中国古代历来讲格物致知、诚意正心、修身齐家、治国平天下。从某种角度看，格物致知、诚意正心、修身是个人层面的要求，齐家是社会层面的要求，治国平天下是国家层面的要求。我们提出的社会主义核心价值观，把涉及国家、社会、公民的价值要求融为一体，既体现了社会主义本质要求，继承了中华优秀传统文化，也吸收了世界文明有益成果，体现了时代精神。

富强、民主、文明、和谐，自由、平等、公正、法治，爱国、敬业、诚信、友善，传承着中国优秀传统文化的基因，寄托着近代以来中国人民上下求索、历经千辛万苦确立的理想和信念，也承载着我们每个人的美好愿景。我们要在全社会牢固树立社会主义核心价值观，全体人民一起努力，通过持之以恒的奋斗，把我们的国家建设得更加富强、更加民主、更加文明、更加和谐、更加美丽，让中华民族以更加自信、更加自强的姿态屹立于世界民族之林。

建设富强民主文明和谐的社会主义现代化国家，实现中华民族伟大复兴，是鸦片战争以来中国人民最伟大的梦想，是中华民族的最高利益和根本利益。今天，我们 13 亿多人的一切奋斗归根到底都是为了实现这一伟大目标。中国曾经是世界上的经济强国，后来在世界工业革命如火如荼、人类社会发生深刻变革的时期，中国丧失了与世界同进步的历史机遇，落到了被动挨打的境地。尤其是鸦片战争之后，中华民族更是陷入积贫积弱、任人宰割的悲惨状况。这段历史悲剧决不能重演！建设富强民主文明和谐的社会主义现代化国家，是我们的目标，也是我们的责任，是我们对中华民族的责任，对前人的责任，对后人的责任。我们要保持战略定力和坚定信念，坚定不移走自己的路，朝着自己的目标前进。

中国已经发展起来了，我们不认可“国强必霸”的逻辑，坚持走和平发展道路，但中华民族被外族任意欺凌的时代已经一去不复返了！为什么我们现在有这样的底气？就是因为我们的国家发展起来了。现在，中国的国际地位不断提高、国际影响力不断扩大，这是中国人民用自己的百年奋斗赢得的尊敬。想想近代以来中国丧权辱国、外国人在中国横行霸道的悲惨历史，真是形成了鲜明对照！

中华文明绵延数千年，有其独特的价值体系。中华优秀传统文化已经成为中华民族的基因，植根在中国人内心，潜移默化影响着中国人的思想方式和行为方式。今天，我们提倡和弘扬社会主义核心价值观，必须从中汲取丰富营养，否则就不会有生命力和影响力。比如，中华文化强调“民惟邦本”“天人合一”“和而不同”，强调“天行健，君子以自强不息”“大道之行也，天下为公”；强调“天下兴亡，匹夫有责”，主张以德治国以文化人；强调“君子喻于义”“君子坦荡荡”“君子义以为质”；强调“言必信，行必果”“人而无信，不知其可也”；强调“德不孤，必有邻”“仁者爱人”“与人为善”“己所不欲，勿施于人”“出入相友，守望相助”“老吾老以及人之老，幼吾幼以及人之幼”“扶贫济困”“不患寡而患不均”，等等。像这样的思想和理念，不论过去还是现在，都有其鲜明的民族特色，都有其永不褪色的时代价值。这些思想和理念，既随着时间推移和时代变迁而不断与时俱进，又有其自身的连续性和稳定性。我们生而为中国人，最根本的是我们有中国人的独特精神世界，有百姓日用而不觉的价值观。我们提倡的社会主义核心价值观，就充分体现了对中华优秀传统文化的传承和升华。

价值观是人类在认识、改造自然和社会的过程中产生与发挥作用的。不同民族、不同国家由于其自然条件和发展历程不同，产生和形成的核心价值观也各有特点。一个民族、一个国家的核心价值观必须同这个民族、这个国家的历史文化相契合，同这个民族、这个国家的人民正在进行的奋斗相结合，同这个民族、这个国家需要解决的时代问题相适应。世界上没有两片完全相同的树叶。一个民族、一个国家，必须知道自己是谁，是从哪里来的，要到哪里去，想明白了、想对了，就要坚定不移朝着目标前进。

去年 12 月 26 日，我在纪念毛泽东同志诞辰 120 周年座谈会上讲话时说：站立在 960 万平方公里的广袤土地上，吸吮着中华民族漫长奋斗积累的文化养分，拥有 13 亿中国人民聚合的磅礴之力，我们走自己的路，具有无比广阔的舞台，具有无比深厚的历史底蕴，具有无比强大的前进定力。中国人民应该有这个信心，每一个中国人都应该有这个信心。我们要虚心学习借鉴人类社会创造的一切文明成果，但我们不能数典忘祖，不能照抄照搬别国的发展模式，也绝不会接受任何外国颐指气使的说教。

我说这话的意思是，实现我们的发展目标，实现中国梦，必须增强道路自信、理论自信、制度自信，“千磨万击还坚劲，任尔东南西北风”。而这“三个自信”需要我们对核心价值观的认定作支撑。

我为什么要对青年讲讲社会主义核心价值观这个问题？是因为青年的价值取向决定了未来整个社会的价值取向，而青年又处在价值观形成和确立的时期，抓好这一时期的价值观养成十分重要。这就像穿衣服扣扣子一样，如果第一粒扣子扣错了，剩余的扣子都会扣错。人生的扣子从一开始就要扣好。“凿井者，起于三寸之坎，以就万仞之深。”青年要从现在做起、从自己做起，使社会主义核心价值观成为自己的基本遵循，并身体力行大力将其推广到全社会去。

广大青年树立和培育社会主义核心价值观，要在以下几点上下功夫。

一是要勤学，下得苦功夫，求得真学问。知识是树立核心价值观的重要基础。古希腊哲学家说，知识即美德。我国古人说：“非学无以广才，非志无以成学。”大学的青春时光，人生只有一次，应该好好珍惜。为学之要贵在勤奋、贵在钻研、贵在有恒。鲁迅先生说过：“哪里有天才，我是把别人喝咖啡的工夫都用在工作上的。”大学阶段，“恰同学少年，风华正茂”，有老师指点，有同学切磋，有浩瀚的书籍引路，可以心无旁骛求知问学。此时不努力，更待何时？要勤于学习、敏于求知，注重把所学知识内化于心，形成自己的见解，既要专攻博览，又要关心国家、关心人民、关心世界，学会担当社会责任。

二是要修德，加强道德修养，注重道德实践。“德者，本也。”蔡元培先生说过：“若无德，则虽体魄智力发达，适足助其为恶。”道德之于个人、之于社会，都具有基础性意义，做人做事第一位的是崇德修身。这就是我们的用人标准为什么是德才兼备、以德为先，因为德是首要、是方向，一个人只有明大德、守公德、严私德，其才方能用得其所。修德，既要立意高远，又要立足平实。要立志报效祖国、服务人民，这是大德，养大德者方可成大业。同时，还得从做好小事、管好小节开始起步，“见善则迁，有过则改”，踏踏实实修好公德、私德，学会劳动、学会勤俭，学会感恩、学会助人，学会谦让、学会宽容，学会自省、学会自律。

三是要明辨，善于明辨是非，善于决断选择。“学而不思则罔，思而不学则殆。”是非明，方向清，路子正，人们付出的辛劳才能结出果实。面对世界的深刻复杂变化，面对信息时代各种思潮的相互激荡，面对纷繁多变、鱼龙混杂、泥沙俱下的社会现象，面对学业、情感、职业选择等多方面的考量，一时有些疑惑、彷徨、失落，是正常的人生经历。关键是要学会思考、善于分析、正确抉择，做到稳重自持、从容自信、坚定自励。要树立正确的世界观、人生观、价值观，掌握了这把总钥匙，再来看看社会万象、人生历程，一切是非、正误、主次，一切真假、善恶、美丑，自然就洞若观火、清澈明了，自然就能作出正确判断、作出正确选择。正所谓“千淘万漉虽辛苦，吹尽狂沙始到金”。

四是要笃实，扎扎实实干事，踏踏实实做人。道不可坐论，德不能空谈。于实处用力，从知行合一上下功夫，核心价值观才能内化为人们的精神追求，外化为人们的自觉行动。《礼记》中说：“博学之，审问之，慎思之，明辨之，笃行之。”有人说：“圣人是肯做工夫的庸人，庸人是不肯做工夫的圣人。”青年有着大好机遇，关键是要迈稳步子、夯实根基、久久为功。心浮气躁，朝三暮四，学一门丢一门，干一行弃一行，无论为学还是创业，都是最忌讳的。“天下难事，必作于易；天下大事，必作于细。”成功的背后，永远是艰辛努力。青年要把艰苦环境作为磨炼自己的机遇，把小事当作大事干，一步一个脚印往前走。滴水可以穿石。只要坚韧不拔、百折不挠，成功就一定在前方等你。

核心价值观的养成绝非一日之功，要坚持由易到难、由近及远，努力把核心价值观的要求变成日常的行为准则，进而形成自觉奉行的信念理念。不要顺利的时候，看山是山、看水是水，一遇挫折，就怀疑动摇，看山不是山、看水不是水了。无论什么时候，我们都要坚守在中国大地上形成和发展起来的社会主义核心价值观，在时代大潮中建功立业，成就自己的宝贵人生。

同学们、老师们！

党中央作出了建设世界一流大学的战略决策，我们要朝着这个目标坚定不移前进。办好中国的世界一流大学，必须有中国特色。没有特色，跟在他人后面亦步亦趋，依样画葫芦，是不可能办成功的。这里可以套用一句话，越是民族的越是世界的。世界上不会有第二个哈佛、牛津、斯坦福、麻省理工、剑桥，但会有第一个北大、清华、浙大、复旦、南大等中国著名学府。我们要认真吸收世界上先进的办学治学经验，更要遵循教育规律，扎根中国大地办大学。

鲁迅先生说：“北大是常为新的，改进的运动的先锋，要使中国向着好的，往上的道路走。”党的十八届三中全会吹响了全面深化改革的号角，也对深化我国高等教育改革提出了明确要求。现在，关键是把蓝图一步步变为现实。全国高等院校要走在教育改革前列，紧紧围绕立德树人的根本任务，加快构建充满活力、富有效率、更加开放、有利于学校科学发展的体制机制，当好教育改革排头兵。我也希望北京大学通过埋头苦干和改革创新，早日实现几代北大人创建世界一流大学的梦想。

教师承担着最庄严、最神圣的使命。梅贻琦先生说：“所谓大学者，非谓有大楼之谓也，有大师之谓也。”我体会，这样的大师，既是学问之师，又是品行之师。教师要时刻铭记教书育人的使命，甘当人梯，甘当铺路石，以人格魅力引导学生心灵，以学术造诣开启学生的智慧之门。

各级党委和政府要高度重视高校工作，始终关心和爱护学生成长，为他们放飞青春梦想、实现人生出彩搭建舞台。要全面深化改革，营造公平公正的社会环境，促进社会流动，不断激发广大青年的活力和创造力。要强化就业创业服务体系建设，支持帮助学生们迈好走向社会的第一步。各级领导干部要经常到学生们中去、同他们交朋友，听取他们的意见和建议。

现在在高校学习的大学生都是20岁左右，到2020年全面建成小康社会时，很多人还不到30岁；到本世纪中叶基本实现现代化时，很多人还不到60岁。也就是说，实现"两个一百年"奋斗目标，你们和千千万万青年将全过程参与。有信念、有梦想、有奋斗、有奉献的人生，才是有意义的人生。当代青年建功立业的舞台空前广阔、梦想成真的前景空前光明，希望大家努力在实现中国梦的伟大实践中创造自己的精彩人生。

我相信，当代中国青年一定能够担当起党和人民赋予的历史重任，在激扬青春、开拓人生、奉献社会的进程中书写无愧于时代的壮丽篇章！

（资料来源：《习近平谈治国理政》第1卷，北京：外文出版社，2018）

【思考】

你能否用自己的语言阐释社会主义核心价值观的内涵？你准备如何践行习总书记"勤学、修德、明辨、笃实"的要求？

案例2　热爱祖国、矢志不渝的历史名人

战国末期的著名爱国诗人屈原，受小人所嫉，遭奸人所害，被楚王流放。但在颠沛流离的流放生活中，仍念念不忘祖国和人民，在《离骚》中表达了"伏清白以死直"的坚决态度，并在理想破灭、报国无门、壮志难酬后投江自尽，以死践行了自己的誓言。他的爱国精神流传千古，为中国、亚洲乃至世界人民所景仰。1953年，他与波兰哥白尼、英国莎士比亚、意大利但丁一起被列为世界四大文化名人之一。每年的端午节，人们都会以各种方式表达对这位爱国诗人的纪念。

《苏武牧羊》写道："苏武流胡节不辱，雪地又冰天，苦忍十九年，渴饮血，饿吞毡，牧羊北海边。"汉代的苏武，受皇帝派遣出使匈奴，因匈奴上层发生内乱，苏武一行受到牵连，被扣留下来，要求背叛汉朝，臣服单于。无论匈奴怎样威逼利诱，严刑拷打，苏武绝不动摇，最后被流放西伯利亚的贝加尔湖一带牧羊十几年，表现了坚定崇高的民族气节。

为我们留下著名诗句"人生自古谁无死，留取丹心照汗青"的南宋民族英雄文天祥，被元军俘虏后，坚决拒绝元军统帅、元丞相和元世祖的多次劝降，经历种种严酷考验，始终不屈，最后慷慨就义。曹植在《白马篇》中表达了"捐躯赴国难，誓死顾如归"的爱国胸襟；林则徐有"苟利国家生死以，岂因祸福避趋之"的爱国情怀；谭嗣同"各国变法，无不从流血而成，今中国未闻有因变法而流血者，此国之所以不昌也。有之，请自嗣同始"，以身殉难、慷慨赴

死……他们无一不表现出对祖国矢志不渝的赤子之心。

【思考】

你从这些历史名人身上看到了哪些中华传统美德？中国优秀传统文化和社会主义核心价值观有什么联系？

案例3 最高人民法院公布10起弘扬社会主义核心价值观典型案例

培育和践行社会主义核心价值观，是推进中国特色社会主义伟大事业、实现中华民族伟大复兴中国梦的战略任务。人民法院作为国家审判机关，担负着执法办案、定分止争、惩恶扬善、维护正义的重要使命。通过审判执行工作，弘扬社会主义核心价值观，促进全社会不断提高社会主义核心价值观建设水平，是人民法院义不容辞的责任。为深入贯彻落实中共中央《关于培育和践行社会主义核心价值观的意见》和习近平总书记关于社会主义核心价值观的重要论述精神，最高人民法院继发布《关于在人民法院工作中培育和践行社会主义核心价值观的若干意见》后，又精选了10起弘扬社会主义核心价值观典型案例，并用通俗易懂的语言、简明扼要的风格，对基本案情、法律依据、弘扬价值作了提炼。这10起案例分别从家庭美德、社会公德、公序良俗、友善互助、诚信经营、诚信诉讼、诚实守法、环境公益等不同角度体现和弘扬了社会主义核心价值观的价值目标、价值取向、价值准则。为充分发挥司法裁判对社会价值的重要示范引领作用，进一步促进全社会积极培育和践行社会主义核心价值观，现将这10起典型案例予以公布。

材料一：刘某诉刘某某、周某某共有房屋分割案

孝敬父母，是中国社会传承几千年的重要家庭伦理道德。父母为子女含辛茹苦，将子女培养成人，子女长大后理应善待父母，为他们营造安定的生活环境。本案中，父母为购房支付了大部分房款，并从子女利益考虑，让女儿占有房屋产权90%的份额，但作为女儿，原告刘某却意图将父母占有的份额转让给自己，从而占有房屋的全部份额，损害了父母的利益，人民法院依法不予支持。

【基本案情】

原告刘某系两被告的独生女。2012年11月，原、被告共同购买重庆市某小区的房屋一套，大部分房款由两被告支付，双方就房屋产权约定原告占90%份额，两被告各占5%份额。该房是两被告的唯一居住房屋。后原、被告双方因房屋装修产生矛盾，原告向法院提起诉讼，请求判决将两被告所占房屋产权份额转让给原告所有，原告补偿两被告房屋款2.8万元。被告认为该房屋主要是自己出资购买，不同意向原告转让产权份额。人民法院经审理认为，虽然本案讼争房屋系原告和两被告按份共有，并约定原告占房屋产权90%的份额，但两被告与原告系父母子女关系，双方以居住为目的购房，两被告支付了大部分房款，并出于对子女的疼爱，将90%产权登记在原告名下。现原告要求被告转让产权份额，但被告不同意。依物权法第七条之规定，原告要求父母将所占房屋份额转让于己的诉求与善良风俗、传统美德不符，依法不予支持。

【法律指引】

《中华人民共和国物权法》

第七条物权的取得和行使,应当遵守法律,尊重社会公德,不得损害公共利益和他人合法权益。

材料二:"北燕云依"诉某派出所拒绝办理户口登记案

弘扬的价值:公序良俗

公民行使姓名权,应当符合法律规定,不得损害公序良俗。本案原告的父母在为其办理户口登记时,取名"北燕云依",既未随父姓或母姓,也没有其他正当理由。公安机关拒绝对"北燕云依"进行户口登记,符合法律规定,恪守了公序良俗的要求,维护了正常社会管理秩序,得到了人民法院的依法支持。

【基本案情】

吕某、张某两夫妻在决定为女儿取名为"北燕云依"后,吕某前往某派出所为女儿申请办理户口登记,该派出所依照法律规定和法定程序,拒绝为其办理户口登记。吕某认为此行政行为侵犯其女儿的姓名权,遂以其女儿"北燕云依"的名义提起了行政诉讼,请求确认被告拒绝以"北燕云依"为姓名办理户口登记的行政行为违法。人民法院经审理认为,根据《全国人民代表大会常务委员会关于〈中华人民共和国民法通则〉第九十九条第一款、〈中华人民共和国婚姻法〉第二十二条的解释》的规定,公民行使姓名权,应当尊重社会公德,不得损害社会公共利益。在父母姓氏之外选取其他姓氏,应有不违反公序良俗的正当理由。本案原告"北燕云依"并不符合上述规定的情形,故判决驳回原告的诉讼请求。

【法律指引】

《全国人民代表大会常务委员会关于〈中华人民共和国民法通则〉第九十九条第一款、〈中华人民共和国婚姻法〉第二十二条的解释》

公民依法享有姓名权。公民行使姓名权,还应当尊重社会公德,不得损害社会公共利益。

公民原则上应当随父姓或者母姓。有下列情形之一的,可以在父姓和母姓之外选取姓氏:

(一)选取其他直系长辈血亲的姓氏;

(二)因由法定扶养人以外的人扶养而选取扶养人姓氏;

(三)有不违反公序良俗的其他正当理由。

少数民族公民的姓氏可以从本民族的文化传统和风俗习惯。

材料三:周某诉某公安分局拖延履行法定职责案

"文明健身、和谐生活",既是社会主义精神文明的体现,也是法治精神的体现。广大群众积极参加健身活动,有利身心健康,增强体魄,但不能因此损害他人的合法权益。本案原告周某因社区居民在其楼下跳广场舞,严重影响生活安宁,向某公安分局报案处理未果后提起行政诉讼。人民法院依法判决该公安分局对周某的报案作出行政处理。本案也提醒广大群众:强身健体,也要尊重他人权利,这样才能真正保证健身的"幸福指数",提升和谐共处的"文明指数"。

【基本案情】

原告周某居住在长沙市某社区，部分社区居民经常在晚上 8 点左右到其楼下的人行道上跳广场舞，音响器材音量过大，严重影响其安静生活。周某报警要求某公安分局依法进行处理。某公安分局接警后，多次到现场劝说跳舞居民将音响音量调小，或者更换跳舞场地，但一直未有明显效果。此后，原告向人民法院起诉，要求某公安分局依法处理。人民法院经审理认为，某公安分局对于原告报警所称的部分居民在原告楼下跳广场舞并使用音响器材这一行为是否存在违法事项，是否需要进行行政处罚等实质问题并未依法予以认定，遂判决某公安分局依法对周某的报案作出处理。判决生效后，该公安分局又数次对跳舞的人们进行劝解、教育，并加强与当地社区的合作，引导广场舞队转移至距离原处百米之外的空坪上。原告所住的社区也在政府部门的积极协调和支持下，与长沙某汽车站达成一致，将在车站附近建设一块专门用于广场舞等娱乐活动的健身场所，既避免噪音扰民，又给跳舞健身爱好者自由活动的场所。

【法律指引】

《中华人民共和国环境噪声污染防治法》

第五十八条　违反本法规定，有下列行为之一的，由公安机关给予警告，可以并处罚款：……(二)违反当地公安机关的规定，在城市市区街道、广场、公园等公共场所组织娱乐、集会等活动，使用音响器材，产生干扰周围生活环境的过大音量的……

《中华人民共和国治安管理处罚法》

第七条　国务院公安部门负责全国的治安管理工作。县级以上地方各级人民政府公安机关负责本行政区域内的治安管理工作。

治安案件的管辖由国务院公安部门规定。

第五十八条　违反关于社会生活噪声污染防治的法律规定，制造噪声干扰他人正常生活的，处警告；警告后不改正的，处二百元以上五百元以下罚款。

材料四：张某等诉杨某继承纠纷案

“远亲不如近邻”。邻里关系是人们生活中的重要关系，邻里之间互帮互助，是我国社会的优良传统和善良风俗。倡导、培育和维护良好的邻里关系，是互相关照、互相理解、和谐相处的社区建设的重要内容。本案中，杨某的父亲长期受到张某夫妇及其儿子的照顾，杨某的父亲将其房产遗赠给张某的儿子，于法有据，于情合理，人民法院依法予以支持。

【基本案情】

原告张某夫妇及其子与被告杨某的父亲是邻居关系。自上世纪五十年代以来，张某夫妇给予杨某父亲很多照顾，双方一直相处较好，往来较多。杨某多年未与父亲来往，直至 2011 年 11 月，才取得联系，并探望了父亲。此后，杨某父亲在住院期间，口头表示将其房屋遗赠给张某的儿子，并有多位证人在场证明。2012 年 3 月，杨某父亲去世。后原、被告因杨某父亲的遗产继承问题发生诉讼，人民法院依法判决杨某父亲的房屋归张某的儿子所有，其他财产由杨某继承。

【法律指引】

《中华人民共和国继承法》

第五条 继承开始后，按照法定继承办理；有遗嘱的，按照遗嘱继承或者遗赠办理；有遗赠扶养协议的，按照协议办理。

第二十五条 继承开始后，继承人放弃继承的，应当在遗产处理前，作出放弃继承的表示。没有表示的，视为接受继承。

受遗赠人应当在知道受遗赠后两个月内，作出接受或者放弃受遗赠的表示。到期没有表示的，视为放弃受遗赠。

材料五：杨某诉某财产保险股份有限公司意外伤害保险合同纠纷案

诚实信用原则是民商事活动的基本原则。保险公司的提示、说明义务，是在保险合同领域贯彻诚实信用原则的基本要求。本案被告保险公司就保险合同中的免责条款，未尽到提示和说明义务，应当依法承担保险责任。

【基本案情】

2013 年，杨某在某财产保险股份有限公司（以下简称保险公司）处购买了两份“添安愉快”卡式保单，并按照该卡背面“本卡采用电话激活方式”的提示激活了该卡。2014 年，杨某因交通事故受伤，被鉴定为九级伤残。杨某遂将保险公司诉至人民法院，要求其按照保单约定支付全额保险金及意外医疗住院补助，共计 16 万余元。保险公司辩称，应当按照保险合同附带的《人身保险残疾程度与保险金给付比例表》（下称《给付比例表》）的标准，按比例进行赔付，而非全额赔付。一审法院经审理认为，保险公司有法定义务对其提供的格式条款中的免责条款进行提示和明确说明。“添安愉快”卡式保险合同所附带《给付比例表》属于减轻、免除保险公司责任的格式条款。保单背面载明“本卡采用电话激活方式”，但在该卡销售环节以及电话激活流程设置中，均无法体现保险公司已经对相关免责条款进行了提示和明确说明，故判决被告按约定全额赔付保险金和意外医疗住院补助。二审法院在明法释理的基础上，促成了双方当事人的调解，由被告一次性赔付原告近 14 万元。

【法律指引】

《中华人民共和国保险法》

第十七条 订立保险合同，采用保险人提供的格式条款的，保险人向投保人提供的投保单应当附格式条款，保险人应当向投保人说明合同的内容。

对保险合同中免除保险人责任的条款，保险人在订立合同时应当在投保单、保险单或者其他保险凭证上作出足以引起投保人注意的提示，并对该条款的内容以书面或者口头形式向投保人作出明确说明；未作提示或者明确说明的，该条款不产生效力。

《最高人民法院关于适用〈中华人民共和国保险法〉若干问题的解释（二）》

第九条第一款 保险人提供的格式合同文本中的责任免除条款、免赔额、免赔率、比例赔付或者给付等免除或者减轻保险人责任的条款，可以认定为保险法第十七条第二款规定的“免除保险人责任的条款”。

第十二条 通过网络、电话等方式订立的保险合同，保险人以网页、音频、视频等形式对免除保险人责任条款予以提示和明确说明的，人民法院可以认定其履行了提示和明确说明义务。

第十三条 保险人对其履行了明确说明义务负举证责任。

投保人对保险人履行了符合本解释第十一条第二款要求的明确说明义务在相关文书上签字、盖章或者以其他形式予以确认的，应当认定保险人履行了该项义务。但另有证据证明保险人未履行明确说明义务的除外。

材料六：张某诉某商贸有限责任公司买卖合同纠纷案

诚实守信不但是基本道德准则，也是市场活动应当遵循的基本原则。针对当前一些地方假冒伪劣产品屡禁不止的现象，应当旗帜鲜明地倡导、褒扬诚实守信，坚决谴责、制裁和打击不诚信行为，努力营造让人民群众“买的放心、吃的安心、用的顺心”的食品安全环境。本案被告出售“三无”食品，原告主张退还货款并支付货款十倍的惩罚性赔偿金，人民法院依法予以支持。

【基本案情】

张某先后在某商贸有限责任公司（以下简称商贸公司）处购买大瓶史记牌香油 5 瓶、小瓶史记牌香油 47 瓶，支付价款 654 元，商贸公司出具了购物发票。数月后，张某向某市食品药品监督管理局举报上述二种香油为“三无”食品。某市食品药品监督管理局经查证属实，对商贸公司因涉嫌经营“三无”食品给予行政处罚。之后，张某向人民法院起诉，要求商贸公司退还货款 654 元并支付货款十倍的赔偿金 6 540 元。人民法院在查明事实的基础上，依法支持了张某的这一诉求。

【法律指引】

《中华人民共和国食品安全法》

第四条　食品生产经营者对其生产经营食品的安全负责。

食品生产经营者应当依照法律、法规和食品安全标准从事生产经营活动，保证食品安全，诚信自律，对社会和公众负责，接受社会监督，承担社会责任。

第一百四十八条第二款　生产不符合食品安全标准的食品或者经营明知是不符合食品安全标准的食品，消费者除要求赔偿损失外，还可以向生产者或者经营者要求支付价款十倍或者损失三倍的赔偿金；增加赔偿的金额不足一千元的，为一千元。但是，食品的标签、说明书存在不影响食品安全且不会对消费者造成误导的瑕疵的除外。

材料七：某船厂诉某船务有限公司船舶修理合同纠纷案

“诚者，天之道也”。诚实信用是中华民族的传统美德，是法治国家与法治社会建设的重要内容。本案双方当事人恶意串通，虚构债权债务关系，企图以诉讼方式侵害他人合法权益，进行虚假诉讼，人民法院依法驳回其诉讼请求，并对当事人处以罚款。

【基本案情】

原告某船厂起诉被告某船务有限公司拖欠船舶维修费 380 万元，请求法院判令被告支付船舶维修款、违约金共 431.85 万元。在案件审理过程中，人民法院发现诸多疑点，依法调取证据后查明，原、被告恶意串通，虚构船舶维修的事实，共同伪造有关证据，企图损害他人合法权益，构成虚假诉讼，遂判决驳回原告的诉讼请求，并依法对原、被告各处罚款人民币 20 万元。

【法律指引】

《中华人民共和国民事诉讼法》

第十三条第一款　民事诉讼应当遵循诚实信用原则。

第一百一十二条　当事人之间恶意串通，企图通过诉讼、调解等方式侵害他人合法权益的，人民法院应当驳回其请求，并根据情节轻重予以罚款、拘留；构成犯罪的，依法追究刑事责任。

材料八：金某伪证案

在诉讼中如实作证，作为每一个公民都应当履行的义务，是维护司法正常秩序，确保司法裁判公平公正的重要因素。虚假作证不但严重影响裁判结果的公正性，危害司法权威，而且直接侵害当事人合法权益，损害社会诚信建设。本案金某在诉讼中故意作伪证，严重违背诚实信用原则，违反了法律义务，受到了应有的刑事制裁。

【基本案情】

在公安机关侦查胡某涉嫌故意伤害案件过程中，被告人金某以证人身份，在接受侦查人员询问时，两次作出虚假证言，证明自己看见胡某往王某脸上殴打两拳，导致胡某先后被刑事拘留、逮捕，并被移送起诉。金某接受检察人员询问时，推翻了以前关于自己看见胡某殴打王某的证言，承认自己在公安机关侦查期间作了伪证。人民法院认为，金某在刑事诉讼过程中，对与案件有重要关系的情节，故意作虚假证明，意图陷害他人，其行为构成伪证罪。鉴于金某认罪态度较好，如实供述了自己的罪行，可从轻处罚，故判处其有期徒刑六个月。

【法律指引】

《中华人民共和国刑法》

第三百零五条　在刑事诉讼中，证人、鉴定人、记录人、翻译人对与案件有重要关系的情节，故意作虚假证明、鉴定、记录、翻译，意图陷害他人或者隐匿罪证的，处三年以下有期徒刑或者拘役；情节严重的，处三年以上七年以下有期徒刑。

材料九：高某诉上海某大学不授予学位案

诚实信用，是社会主义社会的重要核心价值，也是中华民族的优秀道德传统。对每一个人而言，诚信乃立身之本。本案原告高某作为在校大学生，是国家的未来建设者，在考试中作弊，不仅违背诚信原则，更违反了国家法律法规和学校的规定，学校对其作出不授予学位的处理，人民法院依法予以支持。

【基本案情】

高某系上海某大学本科生，因在考试中作弊，被学校给予行政记过处分，该门课程成绩无效。学校学位评定委员会因此决定对高某不授予学士学位。高某不服，向人民法院提起行政诉讼。人民法院经审理认为，高某因考试作弊被取消课程成绩，不符合授予学士学位的规定，被告学校学位评定委员会不授予高某学位，符合国家法律法规和学校的规定，遂判决驳回高某的诉讼请求。

【法律指引】

《中华人民共和国刑法》

第二百八十四条　在法律规定的国家考试中，组织作弊的，处三年以下有期徒刑或者拘役，并处或单处罚金；情节严重的，处三年以上七年以下有期徒刑，并处罚金。

为他人实施前款犯罪提供作弊器材或者其他帮助的，依照前款的规定处罚。

为实施考试作弊行为，向他人非法出售或者提供第一款规定的考试的试题、答案的，依照第一款的规定处罚。

代替他人或者让他人代替自己参加第一款规定的考试的，处拘役或者管制，并处或者单处罚金。

《中华人民共和国学位条例》

第八条　学士学位，由国务院授权的高等学校授予；硕士学位、博士学位，由国务院授权的高等学校和科学研究机构授予。

授予学位的高等学校和科学研究机构及其可以授予学位的学科名单，由国务院学位委员会提出，经国务院批准公布。

《普通高等学校学生管理规定》

第十六条　学生严重违反考核纪律或者作弊的，该课程考核成绩记为无效，并由学校视其违纪或者作弊情节，给予批评教育和相应的纪律处分。给予留校察看及以下处分的，经教育表现较好，在毕业前对该课程可以给予补考或者重修机会。

材料十：某环保联合会诉某农化有限公司等环境污染责任纠纷案

生态环境，是人们共同生存和生活的必要条件，良好的生态环境是全社会的共同福祉，是重要的社会公共利益。无论是日常生活，还是生产经营，都不得以破坏和牺牲生态环境为代价，否则就要依法承担法律责任。本案中，某农化有限公司等六被告长期将工业废物直接排进河道，污染了水流，造成了严重环境损害。环保组织提起环境公益诉讼，人民法院依法判决排污企业承担环境损害责任。

【基本案情】

某农化有限公司等六被告违反法律规定，将其生产过程中产生的废酸等危险废物以低价销售给无危险废物处理资质的主体，偷排进河流，导致水体污染，造成严重环境损害。某环保联合会提起环境公益诉讼，要求六被告承担相应的侵权责任。人民法院在查明案件事实的基础上，依法判决六被告支付相应的环境修复费用1.6亿余元和鉴定评估费用，并制定具体恢复环境的工作方案。

【法律指引】

《中华人民共和国侵权责任法》

第六十五条　因污染环境造成损害的，污染者应当承担侵权责任。

《中华人民共和国环境保护法》

第五十八条　对污染环境、破坏生态，损害社会公共利益的行为，符合下列条件的社会组织可以向人民法院提起诉讼：

（一）依法在设区的市级以上人民政府民政部门登记；

（二）专门从事环境保护公益活动连续五年以上且无违法记录。

符合前款规定的社会组织向人民法院提起诉讼，人民法院应当依法受理。

提起诉讼的社会组织不得通过诉讼牟取经济利益。

《中华人民共和国水污染防治法》

第二十九条第一款　禁止向水体排放油类、酸液、碱液或者剧毒废液。

（资料来源：http://www.court.gov.cn/zixun-xiangqing-17612.html，有修改）

【思考】

最高法院公布的这些典型案例分别体现了什么样的社会主义核心价值观的要求？给我们什么启示？

三、经典视频思考

❶ 《天下为公——孙中山 1911》视频简介

对于中国来讲，无论被尊为“国父”还是“革命的先行者”，他的事迹连同他的家世、游历、性格、举止、穿着甚至爱情，都已经成为人们景仰和颂扬的传奇。他的画像至今仍旧出现在天安门广场和各地最重要的节日和场合之中，画像上他的上唇留有标志性的短须，穿着他亲自设计的制服，百年来始终用他安详的目光凝望着他的祖国和人民。《天下为公——孙中山 1911》是中央电视台拍摄的六集纪录片。这部纪录片以“天下为公”这一人类美好愿景为切入视角，以中国 1911 年辛亥革命的历程为叙述主轴，重点突出百年民族史和以孙中山为首的仁人志士的奋斗史，以“世纪之梦”“血祭轩辕”“碧血横飞”“大道之行”“赤子之心”“天下为公”形成六个分主题，每个主题以编年体例方式独立成章，形成本片的六集内容。该片运用了丰富、详实、全面的文献资料，真实地展示了辛亥革命的全过程，展示了孙中山先生光辉的一生。

【思考】

辛亥革命是近代中国资产阶级革命派为救亡图存进行的积极尝试，中国革命的先行者孙中山先生在辛亥革命中发挥了什么样的作用？体现了什么样的情怀？

❷ 《厉害了，我的国》视频简介

电影《厉害了，我的国》通过镜头将自党的十八大以来，我国在改革开放和社会主义现代化建设上所取得的历史性成就，全方位、多层次地展现在观众面前。大规模的航拍镜头记录下祖国的壮美山河，中国桥、中国路、中国车、中国港、中国网等超级工程的珍贵影像也让人倍感震撼，心潮澎湃。除此之外，还用细腻温情的视角讲述了“大国”与“小家”间密不可分的深切情意，以“小家”之兴，充分展现了中国人民在全面建设小康征程上的伟大奋斗。

【思考】

观看了这部电影你有什么感受？十八大以后我国取得的巨大成就与社会主义核心价值观有什么联系？我们应该如何树立价值观自信？

四、推荐活动主题

讨论：

1. 如何扩大中华文化的影响力？
2. 中华优秀传统文化与社会主义核心价值观的关系。
3. 社会主义核心价值观的实践依据是什么？
4. 反映资本主义价值观的西方模式与中国特色社会主义制度的比较。

演讲：

1. 我眼中的社会主义核心价值观
2. 新时代大学生与社会主义核心价值观

辩论：

正方观点：青年大学生学知识更重要

反方观点：青年大学生学做人更重要

第五章
明大德守公德严私德

一、实践能力目标

1. 了解道德及其历史发展，树立道德意识，能够辨别道德现象的利益基础，正确处理好现实生活中的道德问题，做好文明表率，发挥榜样示范作用。

2. 能够正确理解传统道德观念及其不足，取其精华，去其糟粕，加强对传统美德的挖掘。

3. 继承与发扬中国革命道德，坚定理想信念，抵制腐朽思想，培育和践行社会主义核心价值观，积极投身社会主义建设事业。

4. 加强社会主义道德建设，积极投身崇德向善的道德实践。

5. 能运用社会公德标准和规范分析和评价自己和他人的言行，规范自己的行为。

二、经典案例思考

案例 1 《学堂故事》

2012 年 1 月，以弘扬中华优秀传统文化为主题的启蒙道德教育大型电视文化工程——百集系列电视情景剧《学堂故事》在京启动。

该剧由第十届全国人大常委会副委员长许嘉璐倡导并担任总策划与总顾问，原中国电影家协会副主席、著名文化学者苏叔阳担任文学顾问，中国国家汉语国际推广领导小组办公室及北京汉语国际推广中心的多位专家担任学术指导。《学堂故事》以民国时期一家私立学堂为核心，以当代青少年为主要目标受众群，在演绎轻松幽默故事的同时，传承优秀文化遗产，弘扬中华民族传统美德。全剧共有《弟子规》《三字经》《千字文》《百家姓》《朱子家训》共五部，于 2015 年已完成全部摄制工作。

（资料来源：姜乃强：《弘扬传统文化道德启蒙剧〈学堂故事〉在京启动》，《中国教育报》，2012-1-14）

【思考】

为什么要拍摄《学堂故事》？在今天，传统道德文化还要不要弘扬？《弟子规》《三字经》等经典文本对今天的我们有何作用?

案例2 竹竿7楼掉落砸轿车 南京“信义奶奶”主动赔偿

2014年2月11日下午5点半,位于南京市鼓楼区中央北路的白云新寓小区发生了惊险一幕。家住7楼的陈奶奶在阳台收被子时,一根2米多长竹竿掉下楼去,砸中停在楼下的一辆红色小轿车,车顶棚立马变了形,后挡风玻璃被砸碎。“乖乖,别看就是根竹竿,威力可不小,还好没有砸到人。”四周的居民心有余悸。事发后陈奶奶主动跑下楼,寻找车主赔礼道歉。虽然家庭贫困、老伴常年生病,但陈奶奶还是二话没说,赔了车主1 000元。这件事感动了社区居民,大家都不停称赞这位诚信的好邻居。

高空坠物砸坏车辆的事件多有发生,但像陈奶奶这样,主动协商赔偿的还真不多,陈奶奶主动赔偿车主1 000元的故事在白云新寓小区传开。

“你们知道吗,陈奶奶的家庭情况并不好,当场拿出的1 000元赔偿款真不容易,这1 000块,够老两口省好几个月的呢。”了解情况的居民说。

陈奶奶还告诉记者,她心里仍有愧疚,“不好意思,把人家车砸坏了,给别人添麻烦了”。当记者问她是否心疼那赔付的1 000元,陈奶奶仍然重复她的那句话,“该我赔的我不能赖”。

(资料来源:仲茜:《竹竿7楼掉落砸轿车 南京“信义奶奶”主动赔偿》,《现代快报》,2014-2-13)

【思考】

“信义奶奶”的行为说明了什么?你怎么看?

案例3 在德国逃票之后

在德国,一些城市的公共交通系统售票是自助的,也就是你想到哪个地方,根据目的地自行买票。没有检票员,甚至连随机性的抽查都非常少。一位中国留学生发现了这个管理上的漏洞,于是,很庆幸自己可以不用买票而坐车到处溜达,在几年的留学生活中,他一共只因逃票被抓过3次。

毕业后,他试图在当地寻找工作。他向许多跨国公司投了自己的资料,虽然这些公司都在积极地开发亚太市场,可他都被拒绝了。一次次的失败,使他愤怒。他认定这些公司有种族歧视的倾向,排斥中国人。最后一次,他冲进了人力资源部经理的办公室,要求经理对于不予录用他给出一个让人信服的理由。

下面的一段对话很令人玩味。

“先生,我们并不是歧视你,相反,我们很重视你。因为公司一直在开发中国市场,我们需要一些优秀的本土人才来协助我们完成这个工作。所以你来求职的时候,我们对你的教育背景和学术水平很感兴趣,老实说,在工作能力上,你就是我们所要找的人。”

“那为什么要拒绝我?”

“因为我们查了你的信用记录，发现你有 3 次乘公车逃票被处罚的记录。”

“我不否认这个。但谁会相信，你们就为这点小事而放弃一个自己急需的人才？”

“小事？我们并不认为这是小事。我们注意到，第一次逃票是在你来到这里后的第一个星期，检查人员相信了你的解释，因为你说自己还不熟悉自助售票系统，因此只是给你补了票。但在这之后，你又两次逃票。”

“那时刚好我口袋中没有零钱。”

“不，先生，我不同意你这种解释，你在怀疑我的智商。我相信在被查获前，你可能有数百次逃票的经历。”

“那也罪不至死吧？干吗那么较真？我以后改还不行？”

“不，先生。此事证明了两点：一、你不尊重规则，不仅如此，你还善于发现规则中的漏洞并恶意使用；二、你不值得信任，而我们公司的许多工作的进行是必须依靠信任进行的，如果你负责了某个地区的市场开发，公司将赋予你许多职权。为了节约成本，我们没有办法设置复杂的监督机构，正如我们的公共交通系统一样。所以我们没有办法雇佣你，可以确切地说，在这个国家甚至整个欧盟，你可能找不到雇佣你的公司，因为没人会冒这个险的。”

（资料来源：钱阳：《在德国逃票后》，《现代交际》，2006 年第 01 期）

【思考】

这个案例说明了什么？在现实生活中，你是否有过相似经历？对此你有何看法？

案例 4　爱洒高原一路格桑幸福开

在西藏高原，有一种漫山遍野、迎着太阳盛开的普通花朵，看上去弱不禁风，可风愈狂，它身愈挺；雨愈打，它叶愈翠——这种寄托了藏族期盼幸福吉祥等美好情感的格桑花，也叫幸福花。

周广智到曲水，为的就是能种下一路的幸福花。

“把曲水当成自己的家，把曲水干部当成自己的亲人，才能对这里投入真挚的感情，工作才能有所依靠、有所作为。”2007 年，江苏省援藏干部周广智带着这样的信念，走进了西藏。

从温婉动人、宁静古朴的水乡，到条件艰苦、环境恶劣的高原，周广智上任西藏拉萨市曲水县县委书记时的第一句话是：“我来，就是想为曲水人民做点事。”

这一做，就是 1 500 个日夜。不到一个月的时间，他跑遍了全县 5 乡 1 镇和大部分村户；援藏干部每年 60 天的假期，他还休不到 20 天——在江苏省第六批援藏干部领队、拉萨市委常务副书记焦建俊眼中，周广智就像个陀螺，不知疲倦地旋转着。

三年，又三年。第五批援藏干部的工作结束后，周广智又加入了第六批援藏干部的队伍，继续留任。他淡淡地说：“和这里有感情了，有的事情刚开头，我想能再多带一步。”

这一步，有多远？从 2008 年起，曲水就连续三年在拉萨市综合考评中列七县之首，去年地区生产总值、工业总产值、财政收入已经分别是 2006 年的 2.1 倍、2.9 倍和 2.6 倍。因此，曲水的藏汉干群中，他有一个叫得响、人人服的称号，“福分书记”。

大爱洒高原，格桑朵朵开。4 年的援藏生涯，周广智用真情浇铸出让曲水发展、让百姓幸福的道路，而今，他仍在这条路上耕耘前行。或许，正如那首《一路格桑花》所唱的，“阳光下，人们在欢快的踢踏吗，走吧走吧，带上你的向往，迎接你啊是那迷人的格桑花……”

（资料来源：杜榕：《爱洒高原一路格桑幸福开——记援藏干部的榜样周广智》，《人民日报》，2011-11-3）

【思考】

周广智是援藏干部的优秀代表，他不知疲倦、尽己所能地为曲水人民谋福利，通过这个案例，你看到了他作为干部的哪些优秀品质？中国革命道德的精神是如何体现的？

案例 5　公共场合吸烟缺乏公德心

从 2011 年 5 月 1 日起，我国新修订的《公共场所卫生管理条例实施细则》正式实施。包括饭店、宾馆、候车室等 7 大类 28 小类室内公共场所将全面禁烟。但此项禁令却遭遇尴尬。据江苏省内媒体报道，在一些娱乐、餐饮、车站、医院等场所，相当多的人还在自顾自地吞云吐雾，对劝阻不理不睬。公共场合禁烟，存在“有规定难执行”的窘境。

公共场合吸烟，自己过足了烟瘾，却让他人被迫抽二手烟，是非曲直无需明辨。为何这些人明知故犯？这与公德意识和文明修养有很大关系，也是对规则的蔑视。这些人可能认为，小小一支烟，何必小题大做。在他们眼里，个人的公德、修养比起满足可怜的烟瘾来说，实在微不足道。个别人甚至还会觉得别人反对吸烟是侵犯了他的权益，就是没想到在公共场合吸烟是公德心的严重缺失的行为，更是对他人权利的漠视和不负责。

公共场所禁烟执行的程度，体现了一个地区的文明程度和治理水平。不能仅靠公民的道德修养和自觉性，有关部门除了要加强宣传教育，更要拿出切实可行的处罚措施。一些国家已经颁布了公共场所禁烟的法律。例如，英国对在禁烟区吸烟者罚款 30～200 英镑，禁烟场所的经营业主如不制止吸烟行为，将被处以最高 2 500 英镑的罚款。法国为了落实禁烟令，更是推出了一个特殊的工种“香烟警察”。该国有 17.5 万名“烟警”在学校、医院、政府机关、办公楼等公共场所进行巡逻。被誉为在公共场合禁烟最成功的新加坡，也是靠严厉的处罚将禁烟法落实到实处。新加坡对在任何禁烟区吸烟的人，初犯者罚款 250 新元，再犯者罚 500 新元，第三次违反规定则处罚 1 000 新元。该国甚至规定，屡教不改者要做义工或接受最高 1 年的有期徒刑。严格的法律加上违法必究的执行手段，使新加坡的禁烟极有成效。

（资料来源：陈岚桦：《公共场合吸烟缺失的是公德心》，《海南日报》，2011-10-30）

【思考】

公共场合遵守社会公德的重要性？

案例 6　大学生甘卖“豆腐”找回老味道

自 2010 年 5 月起，辽宁装备制造职业技术学院塑性成型专业学生刘扬成了沈阳市 13

纬路农贸市场里的“公众人物”。每天傍晚，刘扬都会带着他的全部家当——一张折叠桌、一台电子秤和一部电子扩音器来到菜市场，摆开热气腾腾的干豆腐摊，忙着招呼顾客，“大学生自主创业，让您找回老味道”的条幅在菜市场里显得格外醒目。

放弃了在沈阳铸造研究所实习的机会而从菜市场练摊开始的刘扬，从老家葫芦岛聘请了一名“大师傅”，在沈阳开起了豆腐坊。虽然自己身兼老板、售货员、送货员等多重角色，有时磨得满手是泡，但刘扬却很享受这种创业过程所带来的快乐。回忆创业起步中的点滴，刘扬更期待自己的豆制品能够在全国范围内品牌化、连锁化、专业化经营。“我不希望家乡的水煮干豆腐总是窝在山沟里，最好全国各地都能买得到。”刘扬说。

◆ 目标比“小蒙”更远大(2010 年 3 月 5 日　星期五)

昨天爸妈终于想通了，他们拿出了多年的积蓄 4 万元让我投资豆腐坊。

上大学以后，创业的想法就一直在我的脑海中挥之不去，这也许是和学校的创业教育和创业氛围有关。特别是去年在沈阳铸造研究所实习之后，“我要创业，自主创业”这个喊声在我心目中越来越响亮。电视剧《乡村爱情》中王小蒙在第一部里还是挑着扁担卖豆腐，到了第三部她就已经有了自己的公司。这几天经常有人问我，大学毕业生去卖豆腐是不是就想跟王小蒙一样？我很自信地告诉他们，我一定要超过她，我的目标更远大。

家乡葫芦岛市建昌县的土特产——水煮干豆腐味美价廉，但在沈阳上学的这几年我却从来没有吃到过，很多人对我家乡的干豆腐闻所未闻。在沈阳这样的大城市里，干豆腐一定会有市场。

今年过年，为了创业的事，我和家人吵了一架，现在想想很后悔，其实父母说得也很有道理，能够找到一份稳定的工作留在沈阳是全家人多年的愿望，眼看就要实现了，可我却要亲手打碎。我不想令父母失望，可是不趁着年轻做点属于自己的事业，以后可能就没机会了，我不想一辈子给人家打工。

4 万元对于我家来说真是一笔不小的数目，每一块钱都是父母辛辛苦苦攒下的，连奶奶的养老钱都在里面，我一定不能辜负他们对我的期望。

◆ 第一次推销 (2010 年 5 月 9 日　星期日)

前两天装修豆腐坊，为了节省成本，我只雇了一个工人，剩下的活儿全是自己干。每天早上 5 点起来，买材料、搬砖，一天要干 10 个小时，手磨得全是水泡，肿得像熊掌。就在这样的一砖一瓦中我的豆腐坊终于建起来了，看见自己的努力终于有了回报，这种感觉真的很幸福。

豆腐可以生产了，但往哪儿卖还是问题。虽然我平时不怎么爱说话，可关键时刻还得自己硬着头皮上门推销。今天早晨，我用自行车推着 30 斤干豆腐来到一家高档酒楼，在门口足足站了一个小时愣是没敢进去，我也不知道怕什么。后来路边走过一个蹦蹦跳跳的小女孩，我忽然觉得自己很没用，小时候我的胆还挺大的，怎么越来越没出息了？想到这里我推门就“闯”了进去。

见到酒店经理，我事先想好的词却全忘了，大眼瞪小眼了半天，后来还是那个经理开口问：“你要干什么，小伙儿？”我说：“我要推荐一种家乡的土特产干豆腐。”他说：“那你怎么瞅着我不说话呢？”经理让我把干豆腐拿过来看看，我当时就蒙了，把整个干豆腐箱都搬了进去。他说："你怎么弄这么大个家伙？你是不是大学生啊？我也是从你这个阶段过来的，这样吧，你留点样品，我跟厨师长商量，如果适合，酒店可以考虑从你那儿进货。"这让我信心大增，接着我又接连去了5家酒店，只有一家拒绝了我，不仅一上午15公斤干豆腐全卖出去了，而且后来有3家酒店还给我打电话表示希望长期订购，真没想到会有这么顺。

下午我来到13纬路菜市场"练摊儿"。由于担心去了菜市场不敢喊，我提前买了个扩音器，在家的时候就把音录好，到了市场我就把喇叭往桌子上一摆，直接放录音。过了30多分钟没有一个人过来买，后来一个大姨指导我要把货都摆出来，让人看到"大堆儿"，他们才愿意买。我照做了，还真神了，不到一个小时，我的25公斤干豆腐就全部卖光。"快来看快来瞧，老味道特色干豆腐"，从明天开始不仅要放录音，我还要自己喊出来，靠自己的本事赚钱不是什么丢人的事。

◆ 干豆腐"坐"飞机了(2010年6月2日　星期三)

真没想到我生产的干豆腐居然这么快就"坐"上飞机了。

昨天傍晚一个阿姨要买一斤干豆腐，我劝她第一次买先买一块钱的尝尝，觉得好了再来买。"尝好了下回再来"，这是我对每一个顾客的建议。没想到今天我还没到她就在摊前等着我，说要买15公斤，但需要让我想办法压缩包装，她要带到韩国去。当时我就想："这下可好了，这东西能出国了，也'坐'飞机了！"我的目标就是要把干豆腐卖到国外去。据我了解，很多国家比如韩国和丹麦只有一种豆制品就是大豆腐，他们没有干豆腐，这就是商机。

现在已经有一批回头客天天来买我的干豆腐，每天一个小时左右就能把50公斤干豆腐卖完。干豆腐味道鲜美、口感细腻，而宣传条幅"老味道干豆腐"和"大学生创业"既打出了纯天然怀旧品牌，也让大伙儿产生了支持我一把的想法，很多顾客都鼓励我坚持做下去。

现在干豆腐不愁卖，每天一个小时就能卖光50公斤，营业额为500元，只能勉强维持收支，我最担心的就是产量上不去，一个重要的原因就是手工做法难以大幅度提高产量。前两天大师傅病了，停产了3天，这更加坚定了我引入机器制造干豆腐的决心。可现在市场上出售的机器做出来的干豆腐含水量都达不到"老味道"的标准，因此下一步我打算自己加工生产干豆腐的机器，我已经设计了图纸，这回大学时学习的模具设计与制造知识可派上了用场，学校老师也表示可以利用学校的工厂车间把机器加工出来。我算了一笔账：一台机器干豆腐的日产量可以达到1 000公斤，一天营业额就能达到1万元，即使不能全部卖掉，利润也会大幅度提高。

我的近期目标是要把沈阳的市场打开，然后是辽宁省。我要把"老味道"做成全国豆制品的知名品牌，连锁经营，甚至远销到国外。别小看了这干豆腐，我让它"坐"上飞机，照样也能挣大钱。

(资料来源：王晨：《大学生甘卖"豆腐"找回老味道》，《中国青年报》，2010-6-28)

【思考】

刘扬的创业经历对你有什么启示？

案例7　苏格拉底与失恋者的对话

苏(苏格拉底):孩子,为什么悲伤?

失(失恋者):我失恋了。

苏:哦,这很正常。如果失恋了没有悲伤,恋爱大概就没有什么味道。可是,年轻人,我怎么发现你对失恋的投入甚至比对恋爱的投入还要倾心呢?

失:到手的葡萄给丢了,这份遗憾,这份失落,您非其中人,怎知其中的酸楚啊。

苏:丢了就是丢了,何不继续向前走去,鲜美的葡萄还有很多。

失:等待,等到海枯石烂,直到她回心转意向我走来。

苏:但这一天也许永远不会到来。你最后会眼睁睁地看着她和另一个人走了的。

失:那我就用自杀来表示我的诚心。

苏:但如果这样,你不但失去了你的恋人,同时还失去了你自己,你会蒙受双倍的损失。

失:踩上她一脚如何?我得不到的别人也别想得到。

苏:可这只能使你离她更远,而你本来是想与她更接近的。

失:您说我该怎么办?我可真的很爱她。

苏:真的很爱?

失:是的。

苏:那你当然希望你所爱的人幸福?

失:那是自然。

苏:如果她认为离开你是一种幸福呢?

失:不会的!她曾经跟我说,只有跟我在一起的时候她才感到幸福!

苏:那是曾经,是过去,可她现在并不这么认为。

失:这就是说,她一直在骗我?

苏:不,她一直对你很忠诚。当她爱你的时候,她和你在一起,现在她不爱你,她就离去了,世界上再没有比这更大的忠诚。如果她不再爱你,却还装的对你很有情谊,甚至跟你结婚,生子,那才是真正的欺骗呢。

失:可我为她所投入的感情不是白白浪费了吗?谁来补偿我?

苏:不,你的感情从来没有浪费,根本不存在补偿的问题,因为在你付出感情的同时,她也对你付出了感情,在你给她快乐的时候,她也给了你快乐。

失:可是,她现在不爱我了,我却还苦苦地爱着她,这多不公平啊!

苏:的确不公平,我是说你对所爱的那个人不公平。本来,爱她是你的权利,但爱不爱你则是她的权利,而你却想在自己行使权利的时候剥夺别人行使权利的自由。这是何等的不公平!

失:可是您看得明明白白,现在痛苦的是我而不是她,是我在为她痛苦。

苏:为她而痛苦?她的日子可能过得很好,不如说是你为自己而痛苦吧。明明是为自己,却还打着别人的旗号。年轻人,德行可不能丢哟。

失:依您的说法,这一切倒成了我的错?

苏：是的，从一开始你就犯了错。如果你能给她带来幸福，她是不会从你的生活中离开的，要知道，没有人会逃避幸福。

失：可她连机会都不给我，您说可恶不可恶？

苏：当然可恶。好在你现在已经摆脱了这个可恶的人，你应该感到高兴，孩子。

失：高兴？怎么可能呢，不管怎么说，我是被人给抛弃了，这总是叫人感到自卑的。

苏：不，年轻人的身上只能有自豪，不可自卑。要记住，被抛弃的并不是就是不好的。

失：此话怎讲？

苏：有一次，我在商店看中一套高贵的西服，可谓爱不释手，营业员问我要不要。你猜我怎么说，我说质地太差，不要！其实，我口袋里没有钱。年轻人，也许你就是这件被遗弃的西服。

失：您真会安慰人，可惜您还是不能把我从失恋的痛苦中引出。

苏：是的，我很遗憾自己没有这个能力。但，可以向你推荐一位有能力的朋友。

失：谁？

苏：时间，时间是人类最伟大的导师，我见过无数被失恋折磨得死去活来的人，是时间帮助他们抚平了心灵的创伤，并重新为他们选择了梦中情人，最后他们都享受到了本该属于自己的那份人间快乐。

失：但愿我也有这一天，可我的第一步该从哪里做起呢？

苏：去感谢那个抛弃你的人，为她祝福。

失：为什么？

苏：因为她给了你份忠诚，给了你寻找幸福的新的机会。

说完，苏格拉底走了。

（资料来源：江城子：《苏格拉底与失恋者的对话》，《世界中学生文摘》，2007年07期）

【思考】

如果你爱对方至深，可对方却提出和你分手，你该怎么办？

案例8　2017年度感动中国十大人物

卢永根——天意怜幽草　人间重晚晴

【人物事迹】卢永根教授将十多个存折的存款转入华南农业大学的账户，卢永根夫妇一共捐出8 809 446元，这是他们毕生的积蓄，学校用这笔款设立了教育基金，用于奖励贫困学生与优秀青年教师。他说："党培养了我，将个人财产还给国家，是作最后的贡献。"卢永根的秘书赵杏娟说："钱都是老两口一点一点省下来的，对扶贫和教育，两位老人却格外慷慨，每年都要捐钱。"

【颁奖辞】种得桃李满天下，心唯大我育青禾。是春风，是春蚕，更化作护花的春泥。热爱祖国，你要把自己燃烧。稻谷有根，深扎在泥土，你也有根 扎根在人们心里。

廖俊波——芳兰生贵里　山河澄正气

【人物事迹】廖俊波出身普通家庭，始终牵挂群众，惦记着群众的冷暖安危，用心用情为群众办实事、解难事，用自己的“辛勤指数”换来群众的“幸福指数”。廖俊波经历的岗位，都是“背石头上山”的重活累活，需要比别人付出更多的艰辛和努力。但他始终把工作当事业干，乐在其中。离开政和时，全县财政总收入翻了两倍多，连续3年进入全省县域经济发展“十佳”，实现了贫困县脱胎换骨的蜕变。

【颁奖辞】人民的樵夫，不忘初心。上山寻路，扎实工作，廉洁奉公，牢记党的话，温暖群众的心。春茶记住你的目光，青山留下你的足迹，谁把人民扛在肩上，人民就把谁装进心里。

杨科璋——英雄归厚土 浩然天地秋

【人物事迹】2015年5月30日1点13分，杨科璋在灭火救援中紧急救出一名约两岁的孩子，但因烟雾太大、能见度低而踩空坠楼。从五楼坠楼时杨科璋紧抱孩子，最终保住了孩子，但自己却献出了年仅27岁的生命。杨科璋入伍以来共参加灭火救援战斗200多次，抢救疏散被困群众160多人。

【颁奖辞】有速度的青春，满是激情的生命。热爱这岗位，几回回出生入死和死神争夺。这一次，身躯在黑暗中跌落，但你护住了怀抱中最珍爱的花朵。你在时，如炽烈的阳光。你离开，是灿烂的晚霞。

卓嘎和央宗——乡心正无限 凤德咏馀芬

【人物事迹】父亲桑杰曲巴是个老民兵，放牧守边34年，从未离开过这片土地。卓嘎、央宗姐妹俩在父亲的带领下，加入了中国共产党，半个多世纪来，父女三人以放牧为生，守护着祖国数千平方公里的国土。父亲桑杰曲巴常对卓嘎和央宗说：“如果我们走了，这块国土上就没有人了！”这句话，两个女儿记了一辈子。他们知道，守护土地，就是守护国家。”

【颁奖辞】日出高原，牛满山坡。家在玉麦，国是中国。中国是老阿爸手中缝过的五星红旗，中国是姐妹俩脚下离不开的土地。高原隔不断深情，冰雪锁不住春风，河的源头在北方，心之所向是祖国。

刘锐——倚天持报国 关山万里程

【人物事迹】刘锐所在团被确定为全军首家装备轰－6K的部队后，他作为“先行者”和“探路人”，既当“改装员”又当“试飞员”，仅用3个月就完成了改装。随后，刘锐一鼓作气，创造性提出“课题牵引训练”新思路，形成一批战法、数十套突击方案，填补轰－6K作战使用的多项空白。

【颁奖辞】脱翎换羽，展翅高飞，这是大国利器。穿越海峡，空巡黄岩，你为祖国的战机填上一抹太平洋的蓝。巡天掠海，为国仗剑，强军兴军的锐一代，只要祖国需要你们可以飞得更远。

黄大年——一心中国梦 功德冠群英

【人物事迹】黄大年留学英国18年，是国际知名的科学家。回国前，他住在剑桥大学旁边的花园别墅里，妻子还经营着两家诊所。2008年，中国开始实施“海外高层次人才引进计划”，他用最短的时间辞职、卖掉房子和诊所、办好了回国手续。首次推动我国快速移动平台探测技术装备研发，突破国外技术封锁，被誉为新时代海归科技报国的楷模。

【颁奖辞】作别康河的水草，归来做祖国的栋梁，天妒英才，你就在这七年中争分夺秒，透支自己，也要让人生发光，地质宫五楼的灯源自前辈的薪传，永不熄灭。

卢丽安——际会中兴日　四海两心知

【人物事迹】卢丽安1968年生于台湾高雄，从小受家人影响对大陆有着特殊感情。谈到两岸关系时，卢丽安真诚地表示，“我的家族历史与自己的成长经历让我坚信：和平发展一定是两岸关系的主要走势，这也是两岸同胞共同的心声。”她认为，没有台湾梦的中国梦肯定是不完整的，同时，没有融入祖国的台湾梦，像打个盹，黄粱一梦。

【颁奖辞】台湾的女儿有大气概，祖国为大乡愁不改，把握现在开创未来。分离再久，改不了我们的血脉。海峡再深，挡不住人民追求福祉的路。

王珏——密林多暗香　轻吹送余芳

【人物事迹】王珏化名“兰小草”，给急需帮助的孤儿寡母捐款，每年2万，已经坚持了15年，并承诺希望能捐够33年。慈善机构收到了捐款，想要寻找到这位好人，多次联络，王珏都没有现身。缺席了无数次公益奖项颁奖，坚持公益捐款十多年，今年7月，王珏被检查出肝癌，去世之前，他的身份最终得以大白。

【颁奖辞】碧草之芬，幽兰之馨，有美一人，在海之滨。你用善良为一座城市留下丰碑，芳香无尽，每年的十一月十七，狮子座流星雨如期而至，那一刻，映亮了夜空中你最美的背影。

黄大发———汲清泠水　高风味有馀

【人物事迹】20世纪60年代起，黄大发带领群众，历时30余年，靠着锄头、钢钎、铁锤和双手，在绝壁上凿出一条长9 400米的“生命渠”，结束了草王坝长期缺水的历史，乡亲们亲切地把这条渠称为“大发渠”。2017年4月25日，中央宣传部授予黄大发“时代楷模”荣誉称号；9月，获得“2017年全国脱贫攻坚奖奋进奖”。

【颁奖辞】水过不去，拿命来铺，这是一个老党员为人民许下的誓言。大发渠，云中穿，大伙吃上了白米饭。三十六年，为梦想跋涉，僵直了手指，沧桑了面孔，但初心不变。

谢海华——寸心言不尽　冰壶万缕丝

【人物事迹】29年前，湖南农民谢芳在见义勇为时受重伤，落下残疾。刚刚从部队复员回家的谢海华，经人介绍与谢芳订婚。面对谢芳日益严重的后遗症，谢海华仍选择了与她结婚。近28年来，谢海华一直悉心照顾妻子，每天早上6时准时起床做饭，帮妻子穿衣服、洗漱，一日三餐把饭菜送到床头喂她吃。对于谢芳来说，谢海华就是她的手和脚，“没有他，我活不到今天”。

【颁奖辞】相信，是那一刻的决定。相濡以沫，是半生的深情。平凡的两个人，在命运面前却非凡地勇猛。最长情的告白已胜却人间无数。心里甜，命就不苦，爱若在，厮守就是幸福。

（资料来源：《2017—2018感动中国十大人物事迹及颁奖词》，百度文库，网址 http://wenku.baidu.com）

【思考】

感动中国人物身上体现出哪些优秀品质？对你有什么启示？

三、经典视频思考

❶ 《扶不扶》视频简介

《扶不扶》是 2014 年中央电视台春节联欢晚会的一档小品节目。小品把一直被大众热议的“老人摔倒了扶不扶”的社会话题搬上春晚舞台。讲述的故事是:男主人公郝建本是热心肠想搀扶起摔倒的老人,谁知老太太一跤摔懵了,愣是“讹”上了好心人。但最终,还原了事情的真相,还好人清白。小品中“你这走是能走啊,可你这是按表走啊”“你这么顽皮你家里人知道吗”“你要这么说话咱以后还能不能一起玩耍了”“我一老太太搁这儿趴半天,你以为我趴活儿呢”等台词,俏皮幽默,被观众大量转发。

杜晓宇则在微博上神来一笔,在春晚上演的同时发布了一张和小品中同角度拍摄老太太的微博,引发网友疯狂转发。

台词中,“这么和你说吧,哥以前开的是大奔”,和结尾处的“人倒了还可以扶起来,人心倒了可就扶不起来了”因为直指社会热点,爆笑吐槽中传达正能量而受到观众强烈赞许。更有无数观众表达和小品中一样的困惑,“如果真是我遇到了,扶不扶真是个问题”。

【思考】

在现实生活中,如果你遇到老人摔倒了会怎么做?

❷ 《阿甘正传》视频简介

阿甘是个智商只有 75 的低能儿。在学校里为了躲避别的孩子的欺侮,听从一个朋友珍妮的话而开始“跑”。他跑着躲避别人的捉弄。在中学时,他为了躲避别人而跑进了一所学校的橄榄球场,就这样他跑进了大学。阿甘被破格录取,并成了橄榄球巨星,受到了肯尼迪总统的接见。

在大学毕业后,阿甘又应征入伍去了越南。在那里,他有了两个朋友:热衷捕虾的布巴和令人敬畏的长官邓·泰勒上尉。这时,珍妮已经堕落,过着放荡的生活。阿甘一直爱着珍妮,但珍妮却不爱他。在战争结束后,阿甘作为英雄受到了约翰逊总统的接见。在一次和平集会上,阿甘又遇见了珍妮,两人匆匆相遇又匆匆分手。在“说到就要做到”这一信条的指引下,阿甘最终闯出了一片属于自已的天空。在他的生活中,他结识了许多美国的名人。他告发了水门事件的窃听者,作为美国乒乓球队的一员到了中国,为中美建交立下了功劳。猫王和约翰·列侬这两位音乐巨星也是通过与他的交往而创作了许多风靡一时的歌曲。最后,阿甘通过捕虾成了一名企业家。为了纪念死去的布巴,他成立了布巴·甘公司,并把公司的一半股份给了布巴的母亲,自己去做一名园丁。阿甘经历了世界风云变幻的各个历史时期,但无论何时,无论何处,无论和谁在一起,他都依然如故,纯朴而善良。

【思考】

在影片中,阿甘具有诚实、守信、认真、勇敢、重视感情的美好品质,你如何看待个人的道德品质与人生成就的关系?

③ 《小巷总理》视频简介

《小巷总理》取材于长春市二道区东站街道十委社区党委书记、居委会主任谭竹青的真实事迹。谭竹青(1931—2005),女,汉族,吉林省长春市人,中共党员。生前系长春市二道区东站街道十委社区党委书记、居委会主任。谭竹青从事居委会工作50多年,始终坚持上为党和政府分忧、下为居民群众解难,时时处处心系群众,带领社区干部群众白手起家,艰苦创业,努力发展社区经济和各项事业。她积极进取、勇于开拓,先后创办了鞋厂、商店、印刷厂等十几个企业,建成了社区服务中心、敬老院、幼儿园、卫生服务站等服务场所,提供了一大批就业岗位。组织开发建设居民住宅楼,拆除棚户区,改善了居民居住条件。积极协调有关方面把委内街、巷、胡同全部修成了柏油路,方便了居民出行,使东站十委社区发生了翻天覆地的变化。她全身心投入社区工作,走百家门,知百家情,解百家难,暖百家心,把党和政府的关怀送到千家万户。上世纪80年代初,她拿出自己的微薄积蓄创办社区服务网点。为解决社区居民孩子入托,她无偿把自家住房拆掉一半扩建幼儿园。十几年来,她把政府发给自己的10多万元奖金全部用于社区建设和扶贫帮困,被群众亲切地称为"小巷总理"。她先后被授予全国劳动模范、全国优秀党务工作者、全国三八红旗手等26项国家级荣誉称号和奖项。2005年12月3日因病逝世。影片《小巷总理》展现了谭竹青在48年社区干部生涯中的18年时光,始终牢记党的宗旨,全心全意为居民服务的故事。以其质朴情怀,《小巷总理》不仅感动了人们,还因此获得了华表奖的青睐。在2006年8月的第十二届电影华表奖中,《小巷总理》没有悬疑地捧走了华表奖优秀影片奖。

影片截取上世纪80年代初至90年代末,以一条城边街道变迁为聚焦点,按泥泞路、红砖路、柏油路三个阶段,细腻感人地展示了她甘当人民公仆、毫不利己专门利人的伟大情怀。影片的特色在于,突出了改革开放背景下共产党人与人民群众的血肉关系,描绘了主人公关注底层民生的忘我与无私,歌颂了她具有时代风采的高尚的精神品格。

电影《小巷总理》吉林首映(2006年12月6日,以长春市优秀社区干部谭竹青的先进事迹创作而成的主旋律电影《小巷总理》在长春万达国际电影城举行了首映式。)

她,50年情系居民;她,拥有170项荣誉;她,被人民誉为"小巷总理";她,叫谭竹青。谭竹青,长春市人,汉族,1931年5月出生,1948年参加革命工作,1975年6月加入中国共产党。从1956年开始,谭竹青一直工作在居民委员会工作岗位上,作为一名基层社区干部,她48年如一日,始终牢记全心全意为社区居民服务的宗旨,在平凡的工作岗位上做出了不平凡的业绩。2005年12月3日谭竹青因病逝世,逝世前为长春市二道区东站街道十委社区党委书记兼居委会主任,并曾兼任中华全国民事调解协会副会长。

影片:公仆情怀贯穿始终

《小巷总理》影片把公仆情怀贯穿始终。影片中,从泥泞的小路到砖头铺就的巷子,再到平坦宽敞的柏油马路，东站十委在谭竹青忙碌的身影中，展现出三个时期里不同的面貌。

该片总制片人之一、长影著名导演韩志君在主题曲《人是天下最高的峰》中写下“情是人间最深的爱，爱是天下最重的情”这样的动情文字，来歌颂共产党员“为人民服务”平凡而伟大的精神中所蕴涵的深深的公仆情怀。

感受：真实再现感人心

真实再现有血有肉的人物使影片感人至深。谭竹青的女儿在观看过这部影片后，许久止不住自己激动的泪水。长春市东站十委社区主任赵惠君也激动地表示：“感谢长影拍出了如此优秀的影片，让‘小巷总理’谭妈妈又回到了我们身边。”主演丁嘉莉成熟的演技，塑造出了一个有情有爱的鲜活的共产党员形象。她并不高高在上，她虽然平凡普通，生活拮据，但她却以扶持帮助更多的人拥有富裕幸福的生活为快乐之本。

【思考】

1. 社会公德在社会生活中有何重要性？2. 社会公德缺失的原因有哪些？3. 怎样进一步加强社会公德建设？

4 《我能创未来——中国青年创业行动》视频简介

谁将是中国未来的商业领袖，谁将引领中国经济崛起于世界？2008年3月16日，一项以着力打造中国未来企业领袖的大型电视公益活动“我能创未来——中国青年创业行动”在北京正式启动。于是，改革开放三十年来几代中国创业英雄的传奇再一次被人们忆起，无数青年的创业热血被激情点燃，创业精神也将从此一站站传承下去。但是，创业，对每一个尝试者来说都会是一段十分艰难的历程。应该如何敲开创业的大门，如何迈出最艰难的第一步？创业成功的秘籍又是什么？知名企业家牛根生、马云和俞敏洪将作为首场创业英雄暨演讲嘉宾与在场青年、各界人士面对面分享传奇坎坷的创业历程，共同畅谈青年创业话题，帮助有梦想的年轻人实现“我能”人生。相信每一位观众都会得到心灵的震撼与启迪、感受到智慧火花的碰撞，如同听到了出发的号角，踏着创业英雄的足迹一起出发！创业要有梦想，成功贵在坚持！

【思考】

怎样创造自己的未来？

5 《我的父亲母亲》视频简介

初恋的回忆，是人生中最美妙的感觉，而当生子的父亲已经过世，年迈的母亲讲述她梦系魂牵的初恋时，生子不但体味到那初恋情愫的凄美动人，甚至还分明读出对美妙人生的执着追求……

母亲乳名招娣，年轻时是远近闻名的美人，不仅心灵手巧，而且勇敢地成为十里八乡第一个自由恋爱的女孩，她暗恋上生子的父亲——一个淳朴幽默的青年教师，她以家传的青花大碗为记号，给心上人花样翻新地送最好吃的“派饭”；她通宵达旦织出最艳的“房梁红”装点他的教室；为了听到他的琅琅读书声，她不惜绕远路去担水；为了引起他的注意，她每天在送学生的路边等着他。

终于，招娣的美丽和诚挚打动了青年骆老师的心，他们很浪漫又很传统地相爱了。一只塑料红发卡就是他给她的爱情信物，然而，就在心灵刚刚撞击的那一刻，悲剧降临了：骆老师莫名其妙被打成右派，招娣特意为他做的晚饭蒸饺子没吃上，就被带走了。她疯了一般，怀揣蒸饺沿路追赶，人摔倒了，蒸饺烂了、青花碗也碎了……

技艺精湛的锔碗匠锔好了青花碗，却弥合不了姑娘破碎的心灵，招娣决心拖着病弱的身体去远行寻找初恋情人，瞎妈妈的泪水阻止不了招娣的决心。她蹒跚上路了，却昏死半途，被路人送回，执拗的招娣挣扎起身还要冒死去寻觅。恰在此时，骆老师意外地来了，她躺在病床上，大滴的泪珠从她美丽而又憔悴的大眼睛中尽情地滚落。

他再也没有离开她，两个人一爱就是四十年，相濡以沫，心心相印。

丈夫的葬礼上，年迈的招娣在悲恸中又听到了世界上最好听的声音，那是骆老师自编的“识字歌”——人生在世、要有志气、读书识字、多长见识……招娣沿着当年的小路向学校走去。教室里，她的儿子骆玉生像当年的骆老师一样，以淳朴、清朗、穿越时空的声音在教孩子们读书。顿时，儿子和丈夫的身影在她眼中置换，在她眼前，又出现年轻盈巧的招娣穿着碎花红袄雀跃在让她走不完的初恋的那一条小路上。

【思考】

爱情是什么？恋人之间如何相处？

四、推荐活动主题

讨论：

1. 如何理解传统道德的现代价值？
2. 人是否在没有道德的情况下可以获得幸福生活？
3. 道德建设的制度保障有哪些？
4. 为人民服务的具体形式有哪些？
5. 遇到上车不排队的情况是否该去阻止？
6. 如何看待大学生考试中的作弊现象？
7. 高职生就业的优势在哪里？不足在哪里？
8. 大学生创业的成功率？
9. 应当怎样认识爱情与婚姻？
10. 如何看待啃老族？

演讲：

1. 知荣明耻我行动
2. 勿以善小而不为，勿以恶小而为之
3. 维护社会公德，共建和谐社会
4. 做诚信的大学生
5. 敬业与乐业
6. 我能创未来
7. 我理想的爱情

辩论：

1. 正方观点：诚信能决定命运
   反方观点：诚信不能决定命运
2. 正方观点：专业技能重于人文素养
   反方观点：人文素养重于专业技能
3. 正方观点：做了好事应该留名
   反方观点：做了好事不应该留名
4. 正方观点：温饱是谈道德的必要前提
   反方观点：温饱不是谈道德的必要前提
5. 正方观点：大学生品德比成绩重要
   反方观点：大学生成绩比品德重要
6. 正方观点：善意的谎言有碍诚信
   反方观点：善意的谎言无碍诚信
7. 正方观点：社会公德需要法律干预
   反方观点：社会公德不需要法律干预
8. 正方观点：大学生谈恋爱利大于弊
   反方观点：大学生谈恋爱弊大于利
9. 正方观点：大学生当保姆是人才贬值
   反方观点：大学生当保姆是择业创新

第六章
尊法学法守法用法

一、实践能力目标

1. 了解法律的概念和历史发展，领会社会主义法律精神。
2. 掌握我国宪法规定的基本制度，树立良好的宪政意识。
3. 系统了解社会主义法律体系及运行机制，培育社会主义法治观念。
4. 掌握依法治国的含义，正确理解党的领导、人民当家作主与依法治国相统一。
5. 了解法治思维方式的含义、特征和要求，着重培养学生法治思维方式的形成。
6. 掌握法律权威的含义及重要意义。
7. 了解法律权利和法律义务。
8. 树立正确的权利观和义务观。

二、经典案例思考

案例1　修宪是共产党的责任与能力的升华

2018年3月11日，十三届全国人民代表大会第一次会议高票通过了《中华人民共和国宪法修正案》。大会主席团当日发布公告，予以公布施行。宪法修正案共21条，内容丰富，包括确立科学发展观、习近平新时代中国特色社会主义思想在国家政治和社会生活中的指导地位；中国共产党的领导是中国特色社会主义最本质的特征；完善国家主席任期制度；完善依法治国和宪法实施举措；增加有关监察委员会的各项规定等等，是为人民谋未来的发展与太平之大计，顺民意、得民心。

此次修宪的核心在于进一步在宪法中确认党和国家未来的指导思想和政治本色是习近平新时代中国特色社会主义思想，在于进一步确认中国共产党在国家政治经济文化生活各方面的领导地位，在于推进国家治理体系与治理能力的现代化。一句话，修宪的根本目的在于健全和完善国家领导和治理体制机制的现代化，巩固国家长治久安的宪制基础，实现民族复兴、国家富强和人民幸福。

习近平新时代中国特色社会主义思想入宪保证了党和国家兴旺发达、长治久安所要求的思想政治基础。十八大以来，以习近平同志为核心的中央领导集体，代表了新时代中华民族伟大复兴的发展方向。以习近平同志为代表的中国共产党人丰富发展了社会主义理论，形成了习近平新时代中国特色社会主义思想，必将激励和鼓舞中国人民继续砥砺前行。

中国共产党领导地位与领导权在宪法的进一步确认和规范，保证了党和国家兴旺发达、长治久安所需要的政治基础和制度基础。这次修宪在总纲的第一条第二款中明确规定"中国共产党的领导是中国特色社会主义最本质的特征"，使得党的地位和领导权的规范条款具有了宪法规范来源，这既是确认又是规范，是只有共产党才有新时代，只有共产党才能开启更加美好的新时代的宪法表述。

十八大以来全面推行权力清单、责任清单制度的实践和经验，为依宪领导、依法领导，依宪施政、依法施政，为廓清与其他宪法法律权力主体的领导责任、职能责任、岗位责任、行为责任，并进行相关立法和制度完善提供了条件。党的领导权的宪法规范，不仅是权力规范，更是责任与义务规范。在建设与实现全面小康过程中，党的领导责任是全面的，贯穿于各级党组织各项工作的各个方面各个过程。当然也要强调党的领导一定是依宪领导、依法领导。党的全面领导的时代一定是党的责任全面履行的时代，更是一个更加全面从严治党的时代。

完善国家主席任期制度，契合了党的总书记、国家军委主席、国家主席的"三位一体"领导体制，为党和国家兴旺发达、长治久安提供了组织和治理能力的保障。此次宪法修改了国家主席任职方面的有关规定，将"中华人民共和国主席、副主席每届任期同全国人民代表大会每届任期相同，连续任职不得超过两届"中"连续任职不得超过两届"删去，这并不意味着终身制。1982 年十二大党章至 2017 年十九大党章都有一条明确规定："党的各级领导干部，无论是由民主选举产生的，或是由领导机关任命的，他们的职务都不是终身的，都可以变动或解除。""年龄和健康状况不适宜于继续担任工作的干部，应当按照国家的规定退、离休。"党的总书记、党的中央军委主席、国家中央军委主席、国家主席的任职规定保持一致，是符合我国国情、保证党和国家兴旺发达、长治久安的制度设计。

（资料来源：王成栋：《【2018 两会 · 改革新征程】修宪是共产党的责任与能力的升华》，国际在线 http://news.cri.cn/20180317/822ee0a0-6801-feae-e4b8-b42796a88225.html，2018-03-17）

附：《中共中央关于修改宪法部分内容的建议》

全国人民代表大会常务委员会：

根据新时代坚持和发展中国特色社会主义的新形势新实践，中国共产党中央委员会提出关于修改《中华人民共和国宪法》部分内容的建议如下：

一、宪法序言第七自然段中"在马克思列宁主义、毛泽东思想、邓小平理论和'三个代表'重要思想指引下"修改为"在马克思列宁主义、毛泽东思想、邓小平理论、'三个代表'重要思想、科学发展观、习近平新时代中国特色社会主义思想指引下"；"健全社会主义法制"修改为"健全社会主义法治"；在"自力更生，艰苦奋斗"前增写"贯彻新发展理念"；"推动物质文明、政治文明和精神文明协调发展，把我国建设成为富强、民主、文明的社会主义国家"修改为“推动物质文明、政治文明、精神文明、社会文明、生态文明协调发展，把我国建设成为富强民主文明和谐美丽的社会主义现代化强国，实现中华民族伟大复兴”。这一自然段相应修改为：“中国新民主主义革命的胜利和社会主义事业的成就，是中国共产党领导中国各族人民，在马克思列宁主义、毛泽东思想的指引下，坚持真理，修正错误，战胜许多艰难险阻而取得的。我国将长期处于社会主义初级阶段。国家的根本任务是，沿着中国特色社会主义道路，集中力量进行社会主义现代化建设。中国各族人民将继续在中国共产党领导下，在马克思列宁主义、毛泽东思想、邓小平理论、‘三个代表’重要思想、科学发展观、习近平新时代中国特色社会主义思想指引下，坚持人民民主专政，坚持社会主义道路，坚持改革开放，不断完善社会主义的各项制度，发展社会主义市场经济，发展社会主义民主，健全社会主义法治，贯彻新发展理念，自力更生，艰苦奋斗，逐步实现工业、农业、国防和科学技术的现代化，推动物质文明、政治文明、精神文明、社会文明、生态文明协调发展，把我国建设成为富强民主文明和谐美丽的社会主义现代化强国，实现中华民族伟大复兴。”

二、宪法序言第十自然段中“在长期的革命和建设过程中”修改为“在长期的革命、建设、改革过程中”；“包括全体社会主义劳动者、社会主义事业的建设者、拥护社会主义的爱国者和拥护祖国统一的爱国者的广泛的爱国统一战线”修改为“包括全体社会主义劳动者、社会主义事业的建设者、拥护社会主义的爱国者、拥护祖国统一和致力于中华民族伟大复兴的爱国者的广泛的爱国统一战线”。这一自然段相应修改为：“社会主义的建设事业必须依靠工人、农民和知识分子，团结一切可以团结的力量。在长期的革命、建设、改革过程中，已经结成由中国共产党领导的，有各民主党派和各人民团体参加的，包括全体社会主义劳动者、社会主义事业的建设者、拥护社会主义的爱国者、拥护祖国统一和致力于中华民族伟大复兴的爱国者的广泛的爱国统一战线，这个统一战线将继续巩固和发展。中国人民政治协商会议是有广泛代表性的统一战线组织，过去发挥了重要的历史作用，今后在国家政治生活、社会生活和对外友好活动中，在进行社会主义现代化建设、维护国家的统一和团结的斗争中，将进一步发挥它的重要作用。中国共产党领导的多党合作和政治协商制度将长期存在和发展。”

三、宪法序言第十一自然段中“平等、团结、互助的社会主义民族关系已经确立，并将继续加强。”修改为：“平等团结互助和谐的社会主义民族关系已经确立，并将继续加强。”

四、宪法序言第十二自然段中“中国革命和建设的成就是同世界人民的支持分不开的”修改为“中国革命、建设、改革的成就是同世界人民的支持分不开的”；“中国坚持独立自主的对外政策，坚持互相尊重主权和领土完整、互不侵犯、互不干涉内政、平等互利、和平共处的五项原则”后增加“坚持和平发展道路，坚持互利共赢开放战略”；“发展同各国的外交关系和经济、文化的交流”修改为“发展同各国的外交关系和经济、文化交流，推动构建人类命运共同体”。这一自然段相应修改为：“中国革命、建设、改革的成就是同世界人民的支持分不开的。中国的前途是同世界的前途紧密地联系在一起的。中国坚持独立自主的对外政策，坚持互相尊重主权和领土完整、互不侵犯、互不干涉内政、平等互利、和平共处的五项原则，坚持和平发展道路，坚持互利共赢开放战略，发展同各国的外交关系和经济、文化交流，推动构建人类命运共同体；坚持反对帝国主义、霸权主义、殖民主义，加强同世界各国人民的团结，支持被压迫民族和发展中国家争取和维护民族独立、发展民族经济的正义斗争，为维护世界和平和促进人类进步事业而努力。”

五、宪法第一条第二款“社会主义制度是中华人民共和国的根本制度。”后增写一句，内容为：“中国共产党领导是中国特色社会主义最本质的特征。”

六、宪法第三条第三款“国家行政机关、审判机关、检察机关都由人民代表大会产生，对它负责，受它监督。”修改为：“国家行政机关、监察机关、审判机关、检察机关都由人民代表大会产生，对它负责，受它监督。”

七、宪法第四条第一款中“国家保障各少数民族的合法的权利和利益，维护和发展各民族的平等、团结、互助关系。”修改为：“国家保障各少数民族的合法的权利和利益，维护和发展各民族的平等团结互助和谐关系。”

八、宪法第二十四条第二款中“国家提倡爱祖国、爱人民、爱劳动、爱科学、爱社会主义的公德”修改为“国家倡导社会主义核心价值观，提倡爱祖国、爱人民、爱劳动、爱科学、爱社会主义的公德”。这一款相应修改为：“国家倡导社会主义核心价值观，提倡爱祖国、爱人民、爱劳动、爱科学、爱社会主义的公德，在人民中进行爱国主义、集体主义和国际主义、共产主义的教育，进行辩证唯物主义和历史唯物主义的教育，反对资本主义的、封建主义的和其他的腐朽思想。”

九、宪法第二十七条增加一款，作为第三款：“国家工作人员就职时应当依照法律规定公开进行宪法宣誓。”

十、宪法第六十二条“全国人民代表大会行使下列职权”中增加一项，作为第七项“（七）选举国家监察委员会主任”，第七项至第十五项相应改为第八项至第十六项。

十一、宪法第六十三条“全国人民代表大会有权罢免下列人员”中增加一项，作为第四项“（四）国家监察委员会主任”，第四项、第五项相应改为第五项、第六项。

十二、宪法第六十五条第四款“全国人民代表大会常务委员会的组成人员不得担任国家行政机关、审判机关和检察机关的职务。”修改为：“全国人民代表大会常务委员会的组成人员不得担任国家行政机关、监察机关、审判机关和检察机关的职务。”

十三、宪法第六十七条“全国人民代表大会常务委员会行使下列职权”中第六项“（六）监督国务院、中央军事委员会、最高人民法院和最高人民检察院的工作”修改为“（六）监督国务院、中央军事委员会、国家监察委员会、最高人民法院和最高人民检察院的工作”；增加一项，作为第十一项“（十一）根据国家监察委员会主任的提请，任免国家监察委员会副主任、委员”，第十一项至第二十一项相应改为第十二项至第二十二项。

十四、宪法第七十九条第三款“中华人民共和国主席、副主席每届任期同全国人民代表大会每届任期相同，连续任职不得超过两届。”修改为：“中华人民共和国主席、副主席每届任期同全国人民代表大会每届任期相同。”

十五、宪法第八十九条“国务院行使下列职权”中第六项“（六）领导和管理经济工作和城乡建设”修改为“（六）领导和管理经济工作和城乡建设、生态文明建设”；第八项“（八）领导和管理民政、公安、司法行政和监察等工作”修改为“（八）领导和管理民政、公安、司法行政等工作”。

十六、宪法第一百条增加一款，作为第二款："设区的市的人民代表大会和它们的常务委员会，在不同宪法、法律、行政法规和本省、自治区的地方性法规相抵触的前提下，可以依照法律规定制定地方性法规，报本省、自治区人民代表大会常务委员会批准后施行。"

十七、宪法第一百零一条第二款中"县级以上的地方各级人民代表大会选举并且有权罢免本级人民法院院长和本级人民检察院检察长。"修改为："县级以上的地方各级人民代表大会选举并且有权罢免本级监察委员会主任、本级人民法院院长和本级人民检察院检察长。"

十八、宪法第一百零三条第三款"县级以上的地方各级人民代表大会常务委员会的组成人员不得担任国家行政机关、审判机关和检察机关的职务。"修改为："县级以上的地方各级人民代表大会常务委员会的组成人员不得担任国家行政机关、监察机关、审判机关和检察机关的职务。"

十九、宪法第一百零四条中"监督本级人民政府、人民法院和人民检察院的工作"修改为"监督本级人民政府、监察委员会、人民法院和人民检察院的工作"。这一条相应修改为："县级以上的地方各级人民代表大会常务委员会讨论、决定本行政区域内各方面工作的重大事项；监督本级人民政府、监察委员会、人民法院和人民检察院的工作；撤销本级人民政府的不适当的决定和命令；撤销下一级人民代表大会的不适当的决议；依照法律规定的权限决定国家机关工作人员的任免；在本级人民代表大会闭会期间，罢免和补选上一级人民代表大会的个别代表。"

二十、宪法第一百零七条第一款"县级以上地方各级人民政府依照法律规定的权限，管理本行政区域内的经济、教育、科学、文化、卫生、体育事业、城乡建设事业和财政、民政、公安、民族事务、司法行政、监察、计划生育等行政工作，发布决定和命令，任免、培训、考核和奖惩行政工作人员。"修改为："县级以上地方各级人民政府依照法律规定的权限，管理本行政区域内的经济、教育、科学、文化、卫生、体育事业、城乡建设事业和财政、民政、公安、民族事务、司法行政、计划生育等行政工作，发布决定和命令，任免、培训、考核和奖惩行政工作人员。"

二十一、宪法第三章"国家机构"中增加一节，作为第七节"监察委员会"；增加五条，分别作为第一百二十三条至第一百二十七条。内容如下：

第七节　监察委员会

第一百二十三条 中华人民共和国各级监察委员会是国家的监察机关。

第一百二十四条 中华人民共和国设立国家监察委员会和地方各级监察委员会。

监察委员会由下列人员组成：

主任，

副主任若干人，

委员若干人。

监察委员会主任每届任期同本级人民代表大会每届任期相同。国家监察委员会主任连续任职不得超过两届。

监察委员会的组织和职权由法律规定。

第一百二十五条 中华人民共和国国家监察委员会是最高监察机关。

国家监察委员会领导地方各级监察委员会的工作，上级监察委员会领导下级监察委员会的工作。

第一百二十六条 国家监察委员会对全国人民代表大会和全国人民代表大会常务委员会负责。地方各级监察委员会对产生它的国家权力机关和上一级监察委员会负责。

第一百二十七条 监察委员会依照法律规定独立行使监察权，不受行政机关、社会团体和个人的干涉。监察机关办理职务违法和职务犯罪案件，应当与审判机关、检察机关、执法部门互相配合，互相制约。

第七节相应改为第八节，第一百二十三条至第一百三十八条相应改为第一百二十八条至第一百四十三条。

以上建议，请全国人民代表大会常务委员会依照法定程序提出宪法修正案议案，提请第十三届全国人民代表大会第一次会议审议。

【思考】

说说你对2018年宪法修正案印象最深的是哪一条？

案例2　立宪之后贵在行宪

人民的国家固然要有一部体现和保护人民权益的宪法。但如果立宪后就束之高阁，不重视施行，那最好的宪法也只是一张写满民主和权利的空文。

54立宪的得失

1954年9月20日，我国新成立的全国人民代表大会第一次会议庄严地通过了新中国第一部宪法——《中华人民共和国宪法》。今年是它颁布60周年。这是值得纪念，又是值得总结和反思的一段历史。

继这部宪法(后来简称为“54宪法”)之后，我国在1975年、1978年和1982年先后颁布(全面修订)过三部宪法。其中75宪法是“文革”末期制定的、体现“极左路线”、贯彻所谓“无产阶级专政条件下继续革命”错误理论和政治实践的产物。78宪法虽然开始有所改弦更张，但“左”气未消，余影残存。82宪法才抛弃了75、78宪法的糟粕，在继承54宪法基础上做了大量修改，在后来的30年里又与时俱进地经历四次修正案的补充，其中最重要的是把实行社会主义市场经济、“依法治国建立社会主义法治国家”“国家保障和尊重人权”等重要原则纳入宪法，是四部宪法中比较好的一部。

迄今法学界和政法界都公认，54宪法也是比较好的一部。它是以1949年的《中国人民政治协商会议共同纲领》为基础，又是共同纲领的发展，并为后续的82宪法奠定了始基。具体审视分析，54宪法的得失，大致有以下几方面：

某些公民基本权利得到确认

诸如：第八十五条“中华人民共和国公民在法律上一律平等”。第八十六条“中华人民共和国年满十八岁的公民，不分民族、种族、性别、职业、社会出身、宗教信仰、教育程度、财产状况、居住期限，都有选举权和被选举权”。第八十七条“中华人民共和国公民有言论、出版、集会、结社、游行、示威的自由。国家供给必需的物质上的便利,以保证公民享受这些自由”。第八十八条“中华人民共和国公民有宗教信仰的自由”。第八十九条“中华人民共和国公民的人身自由不受侵犯。任何公民,非经人民法院决定或者人民检察院批准,不受逮捕”。第九十条“中华人民共和国公民的住宅不受侵犯,通信秘密受法律的保护”。第九十七条“中华人民共和国公民对于任何违法失职的国家机关工作人员,有向各级国家机关提出书面控告或者口头控告的权利。由于国家机关工作人员侵犯公民权利而受到损失的人,有取得赔偿的权利”。还有确认其他一些权利的条文,共 19 条,加上总纲中有关保护公民财产权的 5 条规定(第十条“国家依照法律保护资本家的生产资料所有权和其他资本所有权”。第十一条“国家保护公民的合法收入、储蓄、房屋和各种生活资料的所有权”。第十二条“国家依照法律保护公民的私有财产的继承权”等),总共有 24 条。这些公民基本权利的确认,是革命党时期未曾有的,都被 82 宪法所继承。

在立宪程序上体现了一定的民意基础

从 1954 年 3 月 23 日提出初稿到 1954 年 9 月 20 日全国人民代表大会第一次会议表决通过,经历三次讨论。据参与其事的人民大学董成美教授回忆:第一次大讨论是由全国政协组织了北京 17 个和解放军 18 个单位共八千多人讨论了两个多月。第二次讨论是公布宪法草案后,交付全民讨论,有一亿五千多万人连续进行了近三个月的讨论,提出的意见有一百多万条(我当时作为清华大学党委宣传部负责人也曾主持组织全校师生员工对宪法草案的讨论,并整理意见上报)。第三次大讨论是根据全民讨论的意见,宪法起草委员会对原来的草案作了修改后,提交给中央人民政府委员会举行的两次临时会议讨论通过。最后于 1954 年 9 月 20 日经第一届全国人大第一次会议审议通过。

毋庸讳言,这种讨论并不是在公民享有完全的知情权、言论自由权、监督权的条件下展开的。由于工农大众文化知识和参政意识的缺乏,宪法草案的讨论并未能在他们中间广泛进行,主要是知识界有所参与。而 1950 年代初期,知识分子已被归入“资产阶级”范畴,执政党在领袖的意志指挥下,推行过教师思想改造运动和意识形态领域的“兴无灭资”斗争,以及“不许乱说乱动”的“专政”教育,批电影《武训传》,批《红楼梦研究》,批梁漱溟,在抗美援朝运动中批“崇美恐美亲美”思想,以及党内批刘少奇的“巩固新民主主义秩序”,批“高饶反党联盟”等也影响党外人士的思维。知识分子怕被指为崇拜“西方的那一套”,已经不敢放言民主和法治。受“一边倒”国策的规限,除“以俄为师”外,执政者不愿接受“欧美那一套”,以致 54 宪法并未能完全反映真实的民意,而留下不少遗憾。

54 宪法的一些缺失

上述保护私有经济、私有财产的规定就遭到尔后对私人资本主义工商业的“社会主义改造”运动和其他政治运动的破坏。其根源也出于 54 宪法本身的失策:如第十条中“国家对资本主义工商业采取利用、限制和改造的政策……逐步以全民所有制代替资本家所有制”。这是越过新民主主义阶段(或现今所确定的“社会主义初级阶段”),违反中国经济发展客观规律的超前政策。直到改革开放时期才在新的历史条件下予以改革。

至于第七十八条“人民法院独立进行审判,只服从法律”,这一概括性的规定,言简意赅,无隙可乘,本是 54 宪法的一大亮点,同马克思的格言“法官的唯一上司是法律”,也很吻合。比之 82 宪法第 126 条采取列举性的规限(“不受行政机关、社会组织和个人的干涉”)更能排除其他主体(如执政党、人大)对司法独立的非法干涉。可惜,这个条文未被82宪法所继承。

至于"公民在法律上一律平等"这一神圣原则,应当说是54宪法的另一大亮点,它打破了封建等级制度旧传统和所谓"分清敌我"的"唯阶级论"的革命党思维,体现了近世宪政的民主博爱精神。不过当时对此也有争论。有人认为这样就会和西方资本主义国家宪法规定的一样;也有人认为这就是让人民群众同资本家与阶级敌人平等了,万万不可。最后虽然通过了这一原则,但也埋下祸根:两年后在反"右"运动中这一原则被批判为"敌我不分",主张或赞成这个宪法原则的人被戴上"右派"帽子。这是对54宪法的一大讽刺和背离。

再则,在54宪法的结构中,"国家机构"一章是置于"公民的基本权利与义务"一章之前,体现国家权力优先于公民的权利,这是一种倒置(1982年宪法才将公民基本权利作为宪法第二章提到国家机构之前)。这两章顺序的先后在立宪时已有一些争论。主张权利置后的理由是,"我国公民权利是在政治制度中产生的",即国人的权利不是先于国家和宪法为国民所固有的,而是国家(政府或执政党)的赐予。这是受国家至上的思维所限。

最大的缺失还在于没有设置权力制衡机制,没有规定监督宪法实施和违宪审查的有效制度。

54立宪的反思

54立宪过程及其指导思想与效果,有一些值得称许之处,其缺失也可以从历史局限性上予以理解宽容。但现今纪念54立宪的意义,应当着重于总结、反思它的某些并不过时的经验教训。下面只就其大者,略述一二。

对宪法根本性质与理念的认识。近代任何民主国家都要通过立宪来获得人民的承认,使统治者取得执政的合法地位。我国于1949年10月1日建立了共产党领导和执政的新政权,却直到5年后(1954年)才制定宪法。其历史缘由,是中华人民共和国成立前夕,已由全国政协通过了《共同纲领》,它具有"临时宪法"性质,可以作为新政权合法性的凭借,执政党领导人因而认为过渡时期无需再立宪。但斯大林却几次三番地指示中共领导人必须制定宪法,其多条理由中最受毛泽东看重的是,按照执政党意志与政策制定的宪法,通过新成立的全国人大选举,可以改变共同纲领所确定的建政初期几个阶级联合执政的体制,实现向苏联式社会主义的一党政府体制转换。而这时毛泽东也正急于确定党的"过渡时期总路线",力求通过立宪将它变为国策。

正如他在1953年3月初《宪法草案初稿说明》中指出的:"宪法的基本任务,就是要……使国家在过渡时期的总任务的完成获有法律上的保证。宪法草案的主要努力,首先用在这个目的上。"在中央人民政府委员会第三十次会议上,他又指出:"一个团体要有一个章程,一个国家也要有一个章程,宪法就是一个总章程,是根本大法。用宪法这样一个根本大法的形式,把人民民主和社会主义原则固定下来,使全国人民有一条清楚的轨道,使全国人民感到有一条清楚的明确的和正确的道路可走,就可以提高全国人民的积极性。"正是在这种认识下,于1953年启动了立宪的进程。

上面这些话,包括他后来所强调的宪法是"治国安邦的总章程",反映了执政党领袖对宪法性质的一种理解:以为宪法只是,或首要的是贯彻执政党总路线总政策的工具,而不是,或主要不是保障人民权利、制约国家权力的约法,不是制约执政权力和政策的约法。

民主的或社会主义国家的宪法主体是全体国民、公民,执政党和政府首先应是宪法所监督、制约的客体。把宪法只当成"治国安邦的总章程",就会导致只把治国的主体(执政党和政府)当成宪法的唯一主体。这就使得54宪法的指导思想不是重在制衡国家权力,保障公民权利。这种认识也一直流传,影响以后历次修宪。

立宪之后贵在行宪

近代中国的宪政运动已有百多年的历史,其中立宪也不下十来部。从1908年的钦定宪法,到民元的"中华民国"约法,以及袁世凯、曹锟的宪法和国民党时期的"中华民国"宪法,不论当时的统治者是多么专制腐败,但由于宪法的草拟者大都是当时留学回来的法律精英,思想比较开放(如袁氏宪法起草人就是草拟民元约法的原有班子);同时统治者也力图借宪法中冠冕堂皇的言辞笼络民心,所以各种宪法文本不无可取之处,甚至有的规定还比新中国的54宪法、82宪法"先进"。但是由于其立宪并非真要行宪,所以历来的宪政运动都以失败告终。

人民的国家固然要有一部体现和保护人民权益的宪法。但如果立宪后就束之高阁,不重视施行,那最好的宪法也只是一张写满民主和权利的空文。54宪法也没能避免这种命运:立宪后不到一年,就发生批胡风、搞肃反等一系列违宪事件,以及1957年反右、1958年"大跃进"和"人民公社"运动,直到"文革"的一场大灾难。党的领袖一张大字报,就可以打倒一个经宪法程序选举产生的国家主席。刘少奇在受到恶毒污蔑和批斗时举起54宪法抗议,为时已晚。

除了一些轻视宪法与法治的思维,54宪法未能规范对权力的制约,未能设定行之有效的违宪审查和追究违宪行为的制度,也是它遭受破坏命运的根源。

值得期许的是,本届党的领导人在就任之时,在纪念82宪法30周年的大会上宣示,"宪法的权威在于实施",这是切中要害的箴言和承诺。执政党不只要看重立宪、修宪,更要切实"行宪",依宪执政,依宪治国,这应是纪念54立宪应当得出的结论。

(资料来源:郭道晖:《立宪之后贵在行宪——纪念54宪法颁布60周年》,《南方周末》,2014-4-18)

【思考】

你对宪法的运行怎么看?

案例3　法治是治国理政的基本方式

2014年10月召开中共十八届四中全会,将聚焦"依法治国"。改革开放以来历次党的全会中,以"依法治国"作为主题还是党史上第一次。

十八大至今,习近平的治国理政思路,"依法治国"贯穿其中。无论是改革还是反腐,都要在法治的框架下进行。

从司法实践方面,习近平要求"让人民群众在每一个司法案件中都能感受到公平正义"。司法体制改革正在进行中。

最近一次召开的中央政治局会议提出,依法治国是实现国家治理体系和治理能力现代化的必然要求。专家认为,四中全会从党的角度强调法治建设,非常有必要。"怎么样贯彻实施宪法,怎样完善立法,如何加强法治政府建设,如何推进司法改革,党如何在法律框架下依法执政……推进依法治国,绕不开这些话题。"

依宪治国:上任伊始强调"宪法高于一切"

在2013年即将结束的时候,全国人大常委会通过决定,废止劳动教养制度。

与此同时，信访制度也在改革，信访不再进行全国排名，涉诉涉法信访全面纳入法制轨道。

舆论认为，这体现了以习近平为总书记的党中央推动法治的决心。长期关注劳教改革的学者说，新一代领导人决心进一步开启法治国家进程，更加重视法治思维和法治方式。

习近平是中共中央第一位拥有法学博士学位的总书记，履新刚刚 20 天，出席纪念现行宪法公布施行 30 周年大会，并发表讲话重申宪法高于一切。“这实在是一个振聋发聩的声音。”境外媒体评论说。

在这次大会上，习近平说，一切违反宪法和法律的行为，都必须予以追究。要“深刻吸取十年‘文化大革命’的沉痛教训”。

他重申了十八大报告的提法：“依法治国是党领导人民治理国家的基本方略，法治是治国理政的基本方式。”

在中央党校政法部主任张恒山看来，刚刚接任中共中央总书记的习近平，通过纪念大会上的讲话阐述了他今后的执政思想。

“依法治国首先是依宪治国。”张恒山接受新京报采访时说，“中国共产党在历史上功绩和作用，是公认的。但曾经有一个时期脱离宪法的执政，行使国家权力就不受任何约束，引发的教训特别深刻。”

习近平在讲话中提到要“坚决纠正违宪违法行为”，“全国人大及其常委会和国家有关监督机关要担负起宪法和法律监督职责”。

“这是党的最高领导人第一次提到健全违宪机制，以及追究责任主体的设想。”张恒山说。

司法公正：强调司法机关依法独立行使职权

2013 年最后一天，习近平首次以国家主席身份向全世界发表新年贺词，他说，让社会变得更加公平正义，是推动改革的目的之一。

张恒山认为，阻碍司法公正的深层次因素，除了传统法律文化存在缺陷和司法队伍素质不高，一个重要的原因就是不合理的制度，导致司法机关不能独立行使职权。

中央政治局第四次集体学习时，习近平提出，要确保审判机关、检察机关依法独立公正行使审判权、检察权。

张恒山告诉新京报记者：“以往领导人都不太提‘司法独立’，好像一说‘独立’，就是和党闹独立。实际上，司法的独立地位是为了确保其依法行使职权，依法就是依据党和人民的共同意志，依法就是体现党的领导。”

十八届三中全会上，备受期待的“全面改革”方案出炉

习近平对全面改革方案作说明时说：“这些年来，群众对司法不公的意见比较集中，司法公信力不足很大程度上与司法体制和工作机制不合理有关。”

方案提出了一系列司法体制管理新举措，其中包括探索建立与行政区划适当分离等司法管辖制度。

张恒山认为，这次司法体制改革“动真格”。

2014 年 6 月，习近平主持召开中央深改组第三次会议，会议审议通过了《关于司法体制改革试点若干问题的框架意见》《上海市司法改革试点工作方案》和《关于设立知识产权法院的方案》。

习近平说，试点地方的党委和政府要加强对司法体制改革的组织领导，细化试点实施方案，及时启动工作，按照可复制、可推广的要求，推动制度创新。

依法改革：重大改革都要"于法有据"

在一段时间里，改革给人的印象是，改革难免突破法律，等这项改革成熟之后，再把改革的经验规定到法律中，这被称为"先破后立"。

专家分析，这与法律法规的滞后和不健全有关，部分改革不得不以突破法律的方式推进。2010年，中国特色社会主义法律体系形成。在这一背景下，进行的全面改革，正在改变"套路"。

十八届三中全会提出的"全面改革"方案，涵盖了15个领域，新京报记者统计，方案全文共出现了26次"依法"。

三中全会结束后，习近平到山东调研。他说："要准确推进改革，认真执行中央要求，不要事情还没弄明白就盲目推进……该得到法律授权的不要超前推进。"

2014年2月，习近平在中央深改组第二次会议上说，凡属重大改革都要于法有据，确保在法治轨道上推进改革。

全国人大常委会法工委研究室负责人表示，党中央有了政治决策之后，要先立法后推行，"先立后破"，确保一切改革举措都在法治轨道上进行，不允许再存在法治轨道之外的改革试点。

实际上，去年授权国务院在上海自贸区暂时调整有关法律规定的行政审批、放开"单独二孩"、废止劳教制度，都是通过立法实现的。

2014年6月，十二届全国人大常委会授权"两高"在18个城市试点刑事速裁。这是全国人大常委会首次授权"两高"试点。

最高法相关负责人表示，这表明司法改革必须依法进行，在立法机关授权的范围内进行，这使司法改革具有了合法性。

依法反腐：用法治思维和法治方式反腐

2013年年底，最高检邀请多位专家就官员犯罪从纪委调查向司法程序移交的衔接问题进行讨论。

参与座谈会的北京大学教授姜明安接受媒体采访时介绍："过去官员违纪、违法、犯罪，都是由纪委负责，等到事情都定了，构成犯罪的，就会移交给检察机关。以后如果官员贪腐构成犯罪，就会直接交给检察机关，由检察机关进行侦查取证。"

专家认为，这意味着针对官员违法违纪的调查程序更加法制化。

在反腐领域，持续5天的薄熙来案微博直播，在国内外引起轰动。

最高法院院长周强曾表示，薄熙来案件庭审微博直播，充分体现了中国司法的公正、公开与透明。

《学习时报》刊文称，我国宪法规定，除法律规定的特别情况外，审判一律公开进行。但由于各种原因，一段时期以来，这项原则没有认真贯彻落实，特别是遇到高官犯罪案件和其他一些敏感案件，法院往往假借各种理由不公开或通过各种方式变相不公开审理。

该文称，薄熙来案件的公开审理，体现了新一届中央领导集体在推进廉洁政府建设方面的高度自信和用法治思维和法治方式反对腐败的态度和决心。

“这种非同寻常的透明度也提高了公众的期待，希望当局在未来的高官腐败案审理中更加开放。”薄熙来案庭审结束后，香港《南华早报》如此评论。

习近平多次强调制度对反腐的重要性。在年初召开的中纪委第二次全会上，习近平要求加强对权力运行的制约和监督，把权力关进制度的笼子里，形成不敢腐的惩戒机制、不能腐的防范机制、不易腐的保障机制。

任何组织或者个人都必须在宪法和法律范围内活动，任何公民、社会组织和国家机关都要以宪法和法律为行为准则，依照宪法和法律行使权利或权力、履行义务或职责。

（资料来源：关庆丰等：《法治是治国理政的基本方式》，《新京报》，2014-08-11，经整理）

【思考】

请结合本文，谈谈你对建设社会主义法治国家的看法。

案例4　法律如何信仰？

一

整整十年前，梁治平翻译了美国哈佛大学法学院伯尔曼教授的《法律与宗教》。这本薄薄的书不仅简要地讨论了历史上法律与宗教的复杂关系，而且在学理上分析了法律与信仰之间的“内在的”“深层的”联系。一些精彩的语句，例如“没有信仰的法律将退化成为僵死的教条”，“而没有法律的信仰……将蜕变成为狂信”，简洁且深刻。特别是“法律必须被信仰，否则将形同虚设”，这样的句子至少当年获得了许多法律学子的心。记得我回国教学第一学期期末，学生交来的“论文”（之所以加上引号，因为在我看来更像是杂感、随笔）中，至少有五篇引用了这句话作为结尾或开头，且不论文中引用的（由此从另一侧面也可见当时的法学理论书籍之稀少）。但是就“论文”所要讨论的问题来看，这种引用许多并不尽然恰当，很明显，许多学生和我当年读书一样，还不注意或无法把握全书的中心论题，而是喜欢那些引起情感共鸣的响亮语句。这一句话，因此，在我看来，更多的是表达了一种有理由的情绪和期冀：法律在中国缺少一种神圣性，希望中国的法制建设有更大的发展。然而，从这些情绪和期冀中，我感到的却是另一个问题：法律是如何被信仰的？

时间已经过去了5年，中国的法制建设有了很快的发展，尤其在立法方面。法律在当代中国社会中，尤其在经济生活中，正扮演着日益重要的角色。如今的学生们可读的法律书多了，在市场的熏陶下，他们也显然更为现实了，甚至连论文选题以至文风也都有所转变。似乎，“法律必须信仰”作为一个学理的问题已经由于社会的巨大发展和法律的日益显赫而消解了。但是当年浮现在心头的那个被转换的问题并没有完全消解，因为这更多是一个实践的问题。这里所说的信仰并不是一种言词上的表白，一种决心，而必须是一种身心的投入；而且由于法律是一种社会的全民的事业，因此对法律的信仰甚至也不是某个或某些个体的心灵活动，而是整个社会的实践显示出的对法律的尊重和倚重。特别是对于转型时期大量立法的中国，如果要使这些立法不是停留书本上，停留在执法机构的建立上，而真正成为一种全社会的实践，这是个长期的任务。因此，即使法学界以至全社会都接受了“法律必须信仰”的理论命题并不必然等于法律被信仰了，也并不等于法学界理解了和回答了“法律如何才能被信仰”这样一个具有很强实践性的问题。

二

无疑，由权力机关（人大）精良立法、执法司法机关严格执法是法律得以普遍信仰的重要和必要条件；普法教育也会起到一些作用。这一点，在此，毋庸我再多言。但是，这还不是法律得以普遍信仰的充分条件。因为，从事实上看，人们并不总是仅仅因为一个文件是由权威机关制定的，被冠之为“法律”，就会为人们（包括官员和普通百姓）自觉遵守（信仰），尽管似乎原则上应当如此。人们也并不会因为一个法律得到国家有关执法机关的严格执行，就会信仰该法律；相反，至少有些时候，有些法律越是需要并得到执法机关的严格执行，倒更可能表明人们并不信仰它，例如文革时期打击“投机倒把”等，又比如我们法学院外中关村街上屡禁不绝的盗版光盘。而且，如同我其他地方曾经探讨过的，人们了解法律知识也并不必定导致遵守或信仰法律，至少有一些人了解法律更可能是为了钻法律的空子，无论他是官员、法官、律师或是普通人，尽管这种做法，我将在后面论及，在另一个层面上，也可能构成或促成对法律的信仰。

那么法律如何才能被信仰，或者换句话说，如何才能赢得人们的身心？首先，我们必须具有一点起码的常识是，尽管人们遵守或诉诸法律的直接动机并不相同或完全不同，有时甚至可能没有清醒的自觉意识，仅仅是出于习惯（例如在城市出行遵循交通规则靠右行走），但就总体说来，遵循或诉诸法律必定是由于法律可能给人们带来各种便利和利益，包括心理和感情上的利益（公正）。如果一个法律仅仅给人们带来的是不便，甚至是损害，或是给大多数人带来的是不便和损害，那么，只要没有实际的强制在场，这个法律即使被人们公认为是法律，却也很难为人们自觉遵守，更不可能进入他们的心灵和身体，成为他们的信仰。在这个意义上，法律必定是具有功利性的，尽管这并不意味着法律或某个法律在所有的时刻给所有人都带来功利，也不意味功利就是或者应当是法律的唯一性质。

因此，我们得出的结论之一就是，能够为人们所信仰的法律必须是能够给人们或至少是绝大多数人带来利益的。由于，在当代中国，法制建设实际上是以国家立法为中心的；因此，我们就必须问立法能否总是在事实上实现这一点。注意，我问的是“能否”做到，而不是立法机关或立法者是否意图做到。就算是所有立法者都有这种意图，但只要立法者的判断有不同（这是很正常的，这就是孔子所言“君子和而不同”），公共选择理论的研究已经表明，即使是民主的立法程序也无法保证立法总是能够获得这一结果。而且由于社会总是在不断变化的，需要法律处理的具体事件是复杂的，一个在昔日是普遍有利的规则或在某些地区普遍有利的规则未必就一定对今天或对另外一些地区的人们普遍有利。因此，即使是好的法律也总是需要适时予以修改。任何法律只有在这种不断调整以适应人们的利益（当然这种利益并不以某种固定形态出现，它也会因受到法律规制以及其他社会因素的影响而变化）的过程中，才能逐渐使人们接受它，逐渐形成遵循法律的习惯，以至产生对于总体法律的信仰。

因此，信仰法律并不是一个只要下决心信仰就能信仰的事件，而是一个过程，或者说是在一系列社会活动、经验、感受之中而达到的“皈依”；是在为了追求自我利益而遵循或诉诸法律的过程中自觉不自觉地被卷进去的。而且，即使某个人一时“皈依”了法律，也并不意味着法律调适就可以结束了。如果由于社会发生了某种原因，一个本来适当的、好的法律变得违背或损害人们的利益，皈依者也会逐渐以行动“反叛”。从这个层面上看，信仰法律可以说不仅仅是信仰问题，而是一个演进的理性选择结果。理性和信仰在这一过程中获得了一致性。也是从这个层面上看，几乎每个人都可能成为一个法律的信仰者，也同样有可能成为一个法律的“虚无主义者”。至于一个人究竟是否成为一个法律的信徒，这不是天生的，也不是某种不变的“民族精神”或“传统文化”的结果。因此，不能仅仅靠论辩、靠灌输“法律必须信仰”，“对法律应多些尊重、多些崇拜”，而使人们信仰法律；而必须以实际的法律运作使他/她感受到“还是信仰法律好”，感受到法律值得尊重和崇拜，否则倒真可能成为一个法律虚无主义者。

三

中国目前处于一个重要的历史变革和以大规模立法为主要特征的法制建设时期，我们即使有心却也无法保证所立之法均为适应人们需要的法律。立法者和其他人一样都会出错和出偏差，他们对社会交往、合作规则的认定可能与普通人以实际活动体现出来的判断有差异，他们并不会仅仅因为进入了立法机关或在立法机关工作就一夜之间具有上帝的全知全能，洞察一切。因此，要使所制定的法律能够为人们信仰，除了其他必要条件之外，最重要的也许就是要关注法律的实际效果，关注和重视（这并不一定意味着迁就，当然有时迁就不可避免）最大多数普通人以他们的实际行动表现出来的对于法律的反应。信仰就如同爱情一样，你无法强求获得，它必须基于人们的自觉趋从，身心的依赖。如果只是宣称法律必须信仰，并因此强求人们信仰，如果不是有维护自己的职业利益之嫌疑，那么也是一个迂腐的说教者。

我们还必须意识到作为抽象的法律和具体的以复数形式出现的法律之间的区别，或者说法律和制定法之间的区别，尽管这个区别不能强调过分，以至形成对立。由于前述理由，一个社会中的总体法律可能是合理的，是应当信仰的，并不意味着对每个个别的法律或法条都应当崇拜和迷信。否则，社会就无需变革了，法律也就无从发展了。在现实生活中，往往正是因为有许多人以其行为表现出来对某个法律或法条不信仰——违反它或规避它——才使得立法者发现了该法律存在的欠缺和问题，因此，也才有了法律的修改或完善。还有些时候，即使立法的文字完全没有改变，人们也会以自己的行为和社会实践修改了法律文字的原先所具有的社会含义，实际上也就是修改了法律。只要想一想过去 20 年来，我国刑法中关于投机倒把罪的实际含义的变化以及实际生活中其他一些实际的法律（而不是法律条文的）变化，就可以理解这一点。如果从这一角度看，这种形式的对某个具体法律的不信仰恰恰是作为总体的法律得以发展的真正源泉。也是在这个意义上，这些对某些具体法律或法条的不信仰，甚至可以说是对更完善、更恰当的法律的憧憬和信仰。当然，这里的分析决不应当成为社会公认的损害绝大多数人的根本利益和长远利益的违法犯罪行为的借口。

因此，我们可以看到，在对法律的信仰和某些“不信仰”之间存在着一个悖论，或者更准确地说，必须要有一种“必要的张力”。的确，对法律的信仰有时恰恰是以这种悖论的方式体现出来的。当一个律师为了打赢官司而千方百计寻找法律漏洞之际，当某个诉讼当事人为了自身的利益而努力说服法庭接受自己对法律的理解之际，他们都明白自己并没有严格遵循法律，他们是在规避法律或规避法律的常规解释，在这个意义上，我们可以说他们对法律缺乏信仰甚至没有信仰。但是，当他们把法律当作一种追求个体利益的资源而诉诸、利用之际，他们的活动已经展示着他们的全身心都已经卷入、沉溺于这种法律实践的话语，已无法解脱。他们已无需声称自己是否信仰法律，他们的所作所为已经表明他们至少在此刻相信唯有通过法律才能更好地获取某种利益或保护即得的利益，他们是如此倾心以至无暇顾及其他。这难道不是一种更为深刻的尽管似乎不那么崇高的对于法律的信仰？

四

对于法学家来说，这种张力也许格外重要。因为法学家除了以与普通人一致的方式展现他们对于法律的信仰——即在日常生活中遵循正当合理的法律，诉诸法律争取自己的利益——之外，法学家还有他特殊的法律信仰表现方式。这种特殊方式是法学家的职业所决定和要求的。法学家的职责在很大程度上就是在一个法律学术传统中（这很重要，这是他可能挑剔的基础），以一种近乎挑剔的眼光来审视法律，以似乎是不相信任何法律的态度和研究活动这种特定的方式来实现他对法律的追求和信仰。一个好的、真正的法学家必须、也必定会有自己的审视法律的眼光，他不可能只是因为法律这么规定了，就认为是对的，就认为应当这样做。那种法条主义的、教条主义的、威权主义的信仰法律，尤其是制定法，实际上是放弃了自己作为法学家责任，即不利于法律的发展，不利于法学的发展，也不利于社会的发展和人民的利益，自然，也就是放弃了对法律的信仰。但是，也正是在这个挑剔、审视的过程中，在他发现具体法律或法条存在的问题并提出认真的解决办法（尽管这后者并不必须具备，因为社会应有所分工，也因为法律最终必定是社会的选择）的研究过程中，他正以执着的追求，以一种某些时候甚至他人看来是固执或偏执，展示着他对法律的最虔诚的信仰。在这里，我们看到了一种"怪异"得令人感动的关于信仰和怀疑的辩证法。的确，如果没有怀疑，还谈得上什么信仰呢！

我们必须记住，从根本上看，信仰从来都不是、也无需一种言词的表白，而是一个人的活动所展现的他/她的存在方式。对于一个人是如此；对于一个民族，未必不是如此。

（1997 年 11 月 21 日于北大蔚秀园）

（资料来源：苏力：《法律如何信仰——〈法律与宗教〉读后》，摘自苏力，《制度是如何形成的》（增订版），北京：北京大学出版社，2007：203～209）

【思考】

你觉得法律如何被信仰？

案例 5　开放立法起草，打破部门垄断

"建立法治环境指标体系，将软实力化为硬指标"，"将法治环境建设作为经济发展软实力纳入地方政府政绩指标体系"，民建湖南省委提出的七条建议，为法治湖南建设寻找秘钥。

省委书记、省人大常委会主任周强对省政协大会"二号提案"高度肯定，称赞提案"抓住了法治湖南建设的关键"。

这份提案是由湖南高校著名法学教授、知名律师、经济界等人士组成的调研组，历经4个多月的扎实调研成果，也是湖南大学副校长、民建湖南省委主委赖明勇颇为得意的一个提案。赖明勇介绍，近年来湖南法治建设从理念到执行力，都有明显提高。但调研结果也显示，近年来，湖南法治建设还存在一些问题，"立法不科学，有法不依，执法不严是近年来法治环境建设突出暴露的问题"。

"在立法规划方面，应在审查现有地方经济法规的基础上，通过强化公共参与和民主审议，进一步提高经济法规在地方立法中的比重，为湖南的经济社会发展提供完备的法律支持和保障。"赖明勇指出，这条建议的关键是强调专家参与社会监督。"首先要开放立法起草，引入委托专家或第三方起草立法的做法，打破部门垄断立法起草的陋习；其次，任何立法草案都应附带对地方经济的影响分析，并向公众公开相关信息；最后，立法审议要理性论证和说明立法方案的选择、立法内容的宗旨。"

建议第三条，"建立法治环境指标体系，将软实力化为硬指标"。赖明勇说，过去从立法到执法，都是政府相关部门的独有权力，缺乏监督，更缺乏考核的硬指标，即使有，也是一些软指标，"说白了，就是没有一套体系和指标对这些立法和执法部门的相关人员的职业操守与工作效率进行评判和奖惩。建议用一把规范的尺子，对他们的工作进行量化考评"。

"法治环境考核指标体系建立后，可以将其纳入到地方政府政绩指标体系。"赖明勇说，法治环境建设的各项目标和任务要纳入政府、司法机关及其工作人员的实绩考核，与奖励惩处、干部任免和晋升晋级挂钩。

2012年1月9日，省委书记、省人大常委会主任周强对"二号提案"作出批示。周强在批示中指出：法治是科学发展和人民当家作主的根本保障，是湖南省推进"四化两型"建设的核心竞争力。民建湖南省委《关于进一步推进湖南经济发展法治环境建设的建议》，深入分析了法治湖南建设的现状，进一步提出了加强法治建设的对策，抓住了法治湖南建设的关键，为决策提供了重要的依据。

（资料来源：《潇湘晨报》，2012-1-11）

【思考】

请谈谈你对中国立法程序的了解。

案例6　孙志刚案

2001年毕业于武汉科技学院艺术设计专业的大学生孙志刚，案前任职于广州达奇服装公司。2003年3月17日晚上，孙志刚在前往网吧的路上，因未携带任何证件被广州市天河区黄村街派出所民警李耀辉带回派出所对其是否属"三无"人员进行甄别。孙被带回后，辩解自己有正当职业、固定住所和身份证，并打电话叫朋友成先生把他的身份证带到派出所来，但李耀辉却没有对孙的说法进行核实，未同意孙的朋友"保领"孙志刚，也未将情况向派出所值班领导报告，导致孙被错误地作为拟收容人员送至广州市公安局天河区公安分局待遣所。3月18日晚孙志刚称有病被送往市卫生部门负责的收容人员救治站诊治。3月19日晚至3月20日凌晨孙志刚在该救治站206房遭连续殴打致重伤，而当晚值班护士曾伟林、邹丽萍没有如实将孙志刚被调入206房及被殴打的情况报告值班医生和通报接班护士，邹丽萍甚至在值班护理记录上作了孙志刚"本班睡眠六小时"的虚假记录，导致孙志刚未能得到及时救治。3月20日，孙志刚死于这家收容人员救治站。法医事后鉴定其因大面积软组织损伤致创伤性休克死亡。后经广州中级人民法院、广州白云区法院和天河区法院三地同时审理，涉案的18名被告人受到法律制裁。

如果该案件的发生仅仅停留在这个层面上，那其意义仅仅是一起普通刑事案件得到公正处理。但是该案件经媒体披露后在法学界却引起了巨大波澜，法学界展开一场关于"良法"之治的大讨论。大家一致认为如果不从法律制度本身去解决问题，今后还会有"李志刚""刘志刚"等被收容被致死，因此强烈呼吁，不要让孙志刚的血白流，不要让类似的悲剧重演，从这次事件中吸取教训，以此为契机，使其成为推动中国依法治国实现社会主义法治国家进程的里程碑。

圣哲亚里士多德在定义法治时说：法治应包含两重意义：已成立的法律获得普遍的服从，而大家所服从的法律又应该是制定得良好的法律。亚里士多德是提出"良法"之治思想的第一人，以后经过自然法学派和其他学派的不断经营和发展，今天就现代社会来说，"良法"之治中的"良法"至少应当包括以下内容：(1)法律必须体现人民主权原则，必须是人民根本利益和共同意志的反映，并且是以维护和促进全体人民的综合利益为目标的；(2)法律必须承认、尊重和保护人民的权利和自由；(3)法律面前一律平等；(4)法律承认利益的多元化，对一切正当利益施以无歧视性差别的保护。

良法是法治的最低要求。所谓法治，首先是"良法"之治。其实哲学上所追求的对人的终极价值——真、善、美在法治上只要有一价值成立，其余就会同时展开。倘若在立法上解决了"良法"之治即解决了"善"的问题，那么在法的实施上必然要求"真法"之治，而不是有法无治。而善法与真法之治的实践结果，便给人以艺术的价值，即"美法"之治。法治当中的"良""善"意指益于人的道德准则，在观念形态上它已转化为人人都能接受的正义。法律制度在设计和构建过程中被要求的分配正义、校正正义、实体正义、程序正义等都是它的内容。法律以正义实现为追求，该法便是善法、良法，舍弃了正义的价值标准，法便是恶法。良法、恶法价值标准的确立，使人们在观念上有了"法上之法"与"法下之法"以及"合法之法"与"不法之法"之分。正义为法上之法，追之近之为合法之法，去之远之则为法下之法或不法之法。

在现代社会，业已被认识到由一组组基本价值范畴组合的价值体系中，为求得良法，应将正义、自由、公平、安全、生存确定为良法之恒定价值，在此基础上实现正义与利益的统合、自由与秩序的统合、公平与效率的统合、安全与和平的统合、生存与发展的统合。良法成为衡平价值关系而使价值冲突降至最低限度之法。这一价值尺度应成为立法的首选原则。将这一观念推之于社会，公众也就掌握了判别法律正义与否的标准，法治随之也就具有了去恶从善的内在活力。

经过多年的民主法制建设，中国业已基本上确立了一个囊括社会各方面的法律体系框架，在法治道路上也得到越来越多的社会认同，然而我们的法律甚至包括宪法在内的制定法应有的权威却始终未能确立，现实中仍有不少的事物高于法、大于法、外于法。一些层次较低的地方性立法和部门立法与社会公益之间的关系，表现为权力色彩、地方和部门利益气息过于浓厚，使得这些立法用普遍的法治原则乃至宪法和一些国家基本法律进行衡量，都很难称得上“法”，与法治理想中的“良法”之治相比，形势亦然严峻。

结合孙志刚案，当时适用的《城市流浪乞讨人员收容遣送办法》就难以称上“良法”，是导致孙志刚之死一案的重大制度缺陷。2003 年 5 月 14 日，许志永、俞江、滕彪三位法学博士以普通公民身份向全国人大常委会提出审查《城市流浪乞讨人员收容遣送办法》的建议，其中心有三点：一是收容遣送制度有违法治精神，应予废除。二是收容遣送办法违反了宪法和《立法法》的有关规定，应予改变或撤销。三是全国人大常委会应尽快启动违宪审查机制。另外全国人大代表建议修改收容遣送办法，增加错误收容赔偿机制。五位法学家也提请人大启动特别程序调查孙志刚案。

全国人大常委会办公厅新闻局牛龙云在《瞭望》杂志上撰文指出，无论如何，“孙志刚事件”与三博士上书事件引发的讨论，充分反映了全社会对依法保障人权、依法治官治权和监督政府依法行政的高度关注，充分反映了中国公民法律意识的提高，充分反映了中国依法治国的不断进步。“孙志刚事件”和三博士上书全国人大常委会事件，也许将被记入中国依法治国的历史之中。

2003 年 6 月 20 日，国务院总理温家宝签署国务院第 381 号令，《城市流浪乞讨人员收容遣送办法》被废止，取而代之的是《城市生活无着的流浪乞讨人员救助管理办法》。

（资料来源：http://www.chinanews.com/n/20030605/26/310700.html）

【思考】

结合孙志刚案，你认为应该如何加强宪法实施，落实依宪治国？

案例 7　高晓松酒驾案后的思考

备受关注的高晓松酒驾案 2011 年 5 月 17 日在北京市东城区人民法院开庭审理。高晓松被判处 6 个月拘役，罚款 4 000 元人民币，他的律师在法庭上透露，之前曾找高晓松谈话，指出公安机关出具的酒精检测报告有瑕疵，不管可能性多小，但从理论上讲有脱罪的可能，但遭到高晓松拒绝。法庭上，高晓松做自我辩护时表示，愿意做一辈子义工来弥补错误，将义务录制宣传片以告诫酒驾者。

高晓松在法庭上的行为，无疑给当前物欲横流的社会做出了一个最好的表率。古罗马法学家塞尔苏斯说过，“法律是善良公正的艺术”，每一个法律规则本身都应该承载着生活规则和生存意义，都应该追寻“人应当享有什么样的生活”这一终极命题。酒驾入刑是否严峻的讨论，已经在公众中闹得沸沸扬扬，其实严也罢宽也罢，它本身的目的并不在于刑，而是要倡导一种健康的生活方式。从这个角度来说，法院在公众的猜疑中判处一个明星 6 个月拘役，远不如高晓松的自我救赎更具现实意义。

在道德严重滑坡的今天，我们是否已经太过于迷信严刑峻法？我们纠结于贪官们是否能受到公正的刑罚，我们希望把黑心商贩罚得家破人亡，我们恨不得把酒醉驾车者全部关起来。但是，我们大部分人的心里也有着"我当官也要捞"的想法，我们有时候也在参与制造问题食品，我们在酒桌上劝酒的时候，也往往把"感情深，一口闷"挂在嘴边……

美国辛普森杀妻案中，辛普森虽然曾经逃过刑罚，却饱受道义谴责——想去打高尔夫球，却没有一个俱乐部愿意接纳他；他拍摄过电视节目，却没有电视台愿意播出；他出版的书，也因舆论压力而被迫停售。反观我们身旁，道义力量可谓薄矣！比如腐败官员，往往是"腐而不败"，即使被撤职或判刑，不少人仍能凭借此前积累的人脉显现巨大的能量，赢来赞扬甚至追随者。犯法者"身败而名不裂"很大程度上也是"道德法庭"乏力的体现，这无疑降低了司法判决的处罚效果，更使得社会上"赚钱就要把脚悬在监狱门槛"等言论的泛滥。

但愿高晓松拒绝辩护、深刻忏悔的举动，能够唤回约束我们内心的、缺失已久的道德和良知。

（资料来源：武坤：《但愿高晓松的忏悔唤醒缺失的道德》，《中国青年报》，2011-5-19 2 版）

【思考】

请说说你对高晓松酒驾案中法律执行的看法。

案例 8 "小悦悦事件"的法律思考

最近，广东"小悦悦事件"在社会上引发了强烈反响。大家一方面谴责 18 位冷漠路人，另一方面也都在反思和探讨，以寻求解决摔倒不扶问题的出路。有人说必须立法惩治见死不救者，有人说必须对见义勇为进行奖励，还有人说要向因做好事而遭讹者提供帮助。这样能解决摔倒不扶的社会问题吗？

见死不救入罪可能事与愿违

"小悦悦事件"后，冷漠路人受到严厉谴责。有律师和学者提出必须严厉惩治见死不救者，这样不仅可以使社会的救助需求得到满足，还可以提升民众的道德水准。

道德的法律化必须有其限度，超过限度的法律不是无效，就是无理。鉴于中国目前的社会情势和民众道德水准，把见死不救行为规定为犯罪，未必能够促使民众去救助困境中的人。

在中国目前的社会情势下，这种制度的实施不仅不能使更多的人得到救助，反而会使更多的人因不能得到救助而加重伤害或死亡。这是因为，在没有把见死不救规定为犯罪之前，虽然也常遗憾地出现民众围观而不予救助的冷漠情景，但国人的围观也具有极强的信号功能。很多情况下，一些道德高尚者，如军人、学生等，在大多情形下，正是凭借这种信号发现处于困境中的人并进行施救。而若把见死不救规定为犯罪，民众必然会有其对策行为。因害怕一不小心涉及犯罪，大家对需要救助的对象，如摔倒的老人、落水的人，连看都不敢再看一眼，最后连围观的都没有，需要救助的人因此不能经由围观信号而被道德高尚者及时发现，从而导致更多的人因得不到救助而死亡。

另一方面，这种制度使人人自危，从而不仅不能提升民众的道德水准，反而使民众之间变得更加疏远。这种冷漠才是真正的人间悲剧。再从执法机关的角度看，确定见死不救者并追究其责任需要信息支持，执法机关面临着发现见死不救者的信息障碍，从而会使该制度形同虚设。

对做好事反被讹者提供法律援助有难度

面对问题，还有人说要对因做好事而遭讹者予以帮助。日前，国内有律师针对连续发生的救人反被诬陷的案例，倡议成立"停止冷漠律师团联盟"，如果有人主动救人遭遇讹诈，律师团将免费提供法律援助。这自然是好事，对被诬陷者而言，有帮助总比没帮助好。但问题在于，这种帮助所能起到的作用会有多大？国内救人反被诬陷的案件之所以很难判决，不是法律适用上的疑难，而根源在于事实问题。这种瞬间发生的事，如果没有摄像头的记录，没有目击证人，事实就很难再搞清楚，律师对这种瞬间发生的事情在事实问题上所能起的作用极小。相反，在事实不能在搞清楚的情形下，律师的这种援助可能还会惠及真正的致害人。因此，从案件的性质看，法律援助在这类案件中所能起的作用不会有想象中那么大。

法律必须对诬陷者作出反应

面对摔倒不扶体现出的社会冷漠我们究竟该怎么办？对冷漠路人的谴责、处罚以及对扶助者的奖励、帮助能较好地解决这一社会问题吗？我们首先应该问一问，究竟是谁制造了这种冷漠？解铃还得系铃人，从解决问题的角度看，法律必须对诬陷者和真正的撞人者作出应有的反应，否则我们现在说的"拒绝冷漠，传递温暖"仅仅只会是一个口号而已。

当然，这种反应的前提是社会要具有一定发现真相的能力。如何发现事实真相？有记者对近年来媒体报道的15起搀扶街头摔倒老人反被"诬陷"的事例进行分析发现，有6位当事人成功证明了自己的清白，其中2位是通过监控录像，4位是通过其他目击者的指证。

随着更多摄像头的安装以及更多目击者的出现，更多的真相会被发现，诬陷不成功的比例会在50%以上。这类信息应该广为传播，让潜在的诬陷者知晓。当然，仅仅知晓是不够的，法律还必须对诬陷者作出反应。法律的反应也必须在"较多案件的真相会被发现"的大前提下，才会有好的效果。这种反应包括对诬陷者进行行政处罚和让其承担刑事责任。这种惩罚是必要的，因为诬陷者的行为产生了极强的负外部性，对他人和社会造成了严重后果。可以相信，救人反被诬陷的情形在以后还会出现，为了有效解决问题，国内必须出现对诬陷者进行严厉处罚的案例。只需一例，其对潜在的诬陷者的抑制以及对民众的鼓舞作用不可估量。因此，执法机构应该积极执法，不能因为摔倒的老太太可怜或反悔道歉而放弃执法。须知，这种执法是当下解决摔倒不扶社会问题的最关键所在。"诬陷不成功的较高比例＋诬陷不成功的法律后果＋对诬陷者不利的案例"这种模式必然使潜在的诬陷者不敢铤而走险。

要找出并依法严惩肇事者

除了对诬陷者的处罚外，还应该通过具体的措施促使真正的撞人者主动履行扶起被撞者并送其至医院的义务。因为如果不是他的逃脱，也不至于形成如此之社会局面。法律对撞人者的反应可以包括设定严厉的民事责任、行政责任，以及考虑设定刑事责任。其中，民事责任上必须设定惩罚性赔偿制度，即撞人逃脱者须承担受害人医疗费用和其他损失的三至五倍。

还有一类人，即主动把被撞者送到医院的撞人者，由于自己坚信不可能有证据证明是撞人者，而假称自己是做好事的人。这类人在现实中也会存在，只是由于瞬间发生的事情真相不能被发现，所以也没有进入大家的视野。虽然这类人把被撞者送到了医院，但其否认行为直接导致了社会民众的冷漠性反应，其负面影响更为显然。因此，他们应该比脱逃者承受更为严厉的法律责任。当然，与对前述的诬陷者的处罚类似，对撞人者的法律责任作为一种威胁的有效性，也决定于通过监控录像、目击者指证等方式而达致的一定比例的真相发现。而一定比例的真相发现在目前是可行的。

（资料来源：应飞虎：《“小悦悦事件”的法律思考》，《光明日报》，2011-11-15 3 版，转载于 http://www.gmw.cn，2011-12-14）

【思考】

请结合本案，谈谈你对建设社会主义法治国家的看法。

三、经典视频思考

❶ 《马背上的法庭》视频介绍

《马背上的法庭》，通过表现一个行走在云南少数民族山区的流动法庭，反映了在中国偏远地区维护法律尊严，开展普法工作的必要性和艰巨性；塑造了几个默默无闻但忠于职守热爱生活的法官的形象；展现了少数民族地区的生活风情和淳朴民风。

【思考】

你如何看待道德自律与法律？

❷ 《真水无香》视频介绍

《真水无香》，以司法战线上的英模人物女法官宋雨水的真实事迹为原型，影片注重对人物性格的塑造，风格朴素，叙事流畅，并采用了真实人物和演员面对面交流的方式，深入开掘英模人物的内心世界。

【思考】

如何看待情理与法理？

❸ 《永不妥协》视频介绍

这部影片的主人公是一位有两次不悦婚姻经历、银行存款仅剩 60 美元的单身母亲，她在不幸遭遇一次交通事故后成为了一名"无照律师"(准确地说是一名无法科背景、无法律实践经验及无人脉资源的"三无"律师助理),她之所以去律师事务所的初衷是通过打零工来给家庭混口饭吃,却发现了一宗看似简单、没有关联的地产案件背后不可告人的可怕真相。而就在此时,就是这个家庭生活已经陷入窘境的女人,骨子里的那种不妥协、不畏强权的精神弥漫开来,并且这种精神也慢慢地感染了这家小型律师事务所的主任,在得到律所主任的支持后,她放开手脚去寻找有力证据、询问人数众多的受害者、逐一签署控告协议,通过将近一年的证据收集、受害者找寻,成功地将美国一家资产达 280 亿美元的大型企业告上法庭,帮助了 634 名因化工排污造成身体伤害的群体获得了一笔可观的经济赔偿,解决了这些家庭的燃眉之急,而她自己也在办案过程中找回了人生的价值、信心和方向!

【思考】

透过该部影片,其中传达的法治精神和法理内涵是什么?

4　《杀死一只知更鸟》视频简介

一位不顾个人安危,为黑人伸张正义的律师——艾蒂科斯·芬奇。芬奇在南方梅岗城任职,为人正直沉稳,常常不计报酬地为穷人们伸张正义。他对年幼丧母的女儿詹姆与儿子斯科特既严格又慈爱。有一次谈起打鸟时,他对孩子说,不要去杀死知更鸟,因为它们只为人类歌唱,从来不做危害人类的事情。

在当地,歧视黑人的现象十分严重。一天,芬奇去法院为黑人汤姆一案当辩护律师。白人检察官指控汤姆犯有强奸罪,芬奇经过认真调查,发现事实并非如此。于是,在法庭上,他实事求是地进行辩护,把对汤姆的指控一一加以驳斥,最后他要求判汤姆无罪,并且义正词严地呼吁人们要尊重事实,要维护人类的尊严与平等。可是法官与陪审团都偏信原告的"证词",仍判汤姆有罪。而且,事情并没有就此结束,持种族偏见的一些白人进而对芬奇一家进行挑衅和恫吓,詹姆与斯科特在参加万圣节庆祝活动时被一伙歹徒袭击,詹姆的胳膊被扭断。面对强暴,芬奇毫不畏缩,他准备继续为正义与那些人斗争到底。

【思考】

你如何理解"平等"和"正义"?

5　日剧《Legal high》视频简介

日剧《Legal high》,别名《胜者即是正义》《王牌大律师》《律政狂人》,在 2012 年首播。在早稻田大学法学部毕业后加入三木律师事务所进行律师职业修炼的菜鸟律师黛真知子(新垣结衣饰)为了帮一起谋杀案的当事人洗刷清白,在同为律师又是自己老板的三木长一郎社长的私人秘书泽地(小池荣子饰)的指点下找到了有着各种评价的传奇律师古美门研介(堺雅人饰)来指导自己。古美门研介拥有极高天分的辩护才能,为了赢得胜利不惜使用任何手段。由他成为律师出道至今仍然保持着百分百的骄人全胜纪录,也曾经是三木长一郎(生濑胜久饰)麾下的得意门生。但是因某起事件的发生导致这两大律师界巨擘最后决裂。由于菜鸟律师在拜托时提到的丰厚报酬,令腹黑又贪钱的古美门产生浓厚兴趣;看在巨额律师费的份上古美门律师最后同意出山,最后他在法庭上凭借自己巧舌如簧、颠倒黑白的能力赢得诉讼。在此之后,作为菜鸟的黛加入了古美门律师事务所继续自己作为律师的修行,而接下来一连串的官司又将古美门和三木沉疴已久的旧怨重新摆上桌面。

剧中所表达的主线是:人没有上帝视角,宪法掌握全部事实,所以不知道谁是正义的。以正义感、道德制高点为基础,所做的同情或排斥的行为实际上只是感情用事。

这里涉及律师与正义的冲突。女主角真知子总是以社会大众心中对善恶的标准来看待周围的事物:“一件事情应该是什么样子。”男主角古美门则对于自身的律师定位认识得非常清楚,他无意去做一个从道德山顶扫射众生的“道德家”,只是根据法律和程序来评判,不做道德上的审判。

【思考】

法律思维的特征是什么?

6 《秋菊打官司》视频介绍

在中国西北的小山村,农民庆来与村长发生冲突,被村长踢伤下体。庆来的妻子秋菊忍不下这口气,为了要个说法,带着六个月的身孕,踏上漫长的路去告状。她从乡里告到县里,又从县里告到市里,各级裁决都判定村长赔钱,可是村长一直不肯正式认错道歉。秋菊不服,再向市中级法院上诉。在除夕夜,秋菊难产,村长不计前嫌,组织村民连夜把秋菊送到医院,使秋菊顺利生产。秋菊以为她与村长之间的官司就此了结,不料市中级法院此时判决下来,村长因伤害罪被捕入狱。

【思考】

在“讨说法”时我们怎样做到合法维权?

7 《十二怒汉》视频简介

1957 年由西德尼·吕美特执导亨利·方达主演的《十二怒汉》是一部分以陪审团为主角的法庭戏,是探讨美国陪审员制度和法律正义的经典之作。十二个普普通通的人,他们以前素不相识,以后可能也没有什么打交道的机会。为了一桩杀人案件,他们坐在了一起。就是这十二个人,被这个司法制度挑选了出来,组成了一个名叫“陪审团”的神圣组织,要开始决定另外一个人的命运,决定他是有罪还是无罪,是活着还是死亡。他们本来不懂法律,似乎也没必要懂得法律,因为他们不过是在法律强加的义务之下而被迫来到法庭的。他们来自不同的家庭和生活背景,从事不同的职业,有自身更关心的利益,有不同的人生经验,有自己的偏好和性格。在经过六天冗长枯燥的听审之后，法官终于对陪审团发布裁决指示了。被告是一名年仅18岁的男子，被控在午夜杀害了自己的父亲。法庭上提供的证据也极具说服力：居住在对面的妇女透过卧室及飞驰的火车窗户，看到被告举刀杀人；楼下的老人听到被告高喊“我要杀了你”及身体倒地的声音，并发现被告跑下楼梯；刺进父亲胸膛的刀子和被告曾经购买的弹簧刀一模一样。而被告声称从午夜11点到凌晨3点之间在看电影的证词极不可信，因为他连刚看过的电影名字也说不出来。

整部影片通过演员精细的表演和精彩的台词，折射出人性的高贵、责任、正直，同时也无情地的鞭挞了人性的脆弱、阴暗和自私。它形象地说明了陪审团制度的特点：即不是证明嫌疑人无罪，而是证明该案子证据不够充分，无法定罪，这也是西方法律制度“宁可放走一万，不可错杀一个”的例子。

【思考】

请谈谈美国的陪审团制度和我国陪审团制度异同？

8　《法治中国》视频介绍

《法治中国》紧紧围绕习近平总书记系列重要讲话精神和治国理政新理念新思想新战略，全景式反映党的十八大以来以习近平同志为核心的党中央高瞻远瞩、审时度势、统筹谋划，坚持和拓展中国特色社会主义法治道路，将法治确立为治国理政的基本方式，把全面依法治国纳入“四个全面”战略布局，在新的历史起点上全面推进法治中国建设的伟大征程。

【思考】

如何理解中国特色社会主义法治体系的主要内容？

四、推荐活动主题

讨论：

1. 程序公正与实体公正的关系是什么？

2. 法治与德治矛盾吗？

3. 由“以遵纪守法为荣，以违法乱纪为耻”说开去，生活中存在的违法现象及我的看法。

4. 由“米兰达”规则想到的。

5. 法律怎样面对人情？

6. 有人认为，行使权利是为自己，履行义务是为他人。其实，无论是行使权利还是履行义务，都是既利已也利人。请举例说明。

观点A：我享受权利也有利他人。

举例说明：

观点 B：我履行义务也有利自己。

举例说明：

演讲：

1. 法律在我身边
2. 学法、懂法、用法、守法
3. 我眼中的依法治国
4. 增强法律意识 维护法律尊严
5. 青春与法治同行

辩论：

1. 正方观点：法律有情
   反方观点：法律无情
2. 正方观点：法治能消除腐败
   反方观点：法治不能消除腐败
3. 正方观点：不为权利而斗争者不配享有权利
   反方观点：不为权利而斗争者也应享有权利
4. 正方观点：当今社会解决纠纷应以法律为主
   反方观点：当今社会解决纠纷应以道德为主
5. 正方观点：网络虚拟财产应受到法律保护
   反方观点：网络虚拟财产不应受到法律保护
6. 正方观点：网络反腐侵犯公民隐私权
   反方观点：网络反腐不侵犯公民隐私权

第二部分

实践项目演练

一、辩论赛流程

(一) 组队方式

选出一名主席进行主持,各参赛队可以以小组与小组合作的方式,挑选参赛选手。

(二) 辩论规则

1. 本着友谊第一、比赛第二的原则,如果出现不友好的行为和语言,将影响其小组成绩。

2. 选手尽量要脱稿发言,并要严格控制时间。

3. 选手必须听主席安排,不得擅自发言。

4. 主题及阵形均以抽签方式决定,每张签写有:正(反)方及场次。

(三) 辩论赛程序(由辩论会主席执行)

1. 主席宣布比赛开始,致开场词
2. 主席宣布辩题
3. 主席宣布比赛细则
4. 主席邀请参赛队上场,介绍参赛队所持立场
5. 主席介绍参赛队员
6. 主席介绍评委
7. 辩论比赛过程
8. 评委点评
9. 主席宣布比赛结果

(四) 辩论流程

第一阶段(5 分钟)

陈辞立论:

正方一辩陈辞三分钟,

反方一辩陈辞三分钟。

第二阶段(9 分钟)

攻辩阶段(驳立论阶段):

正方二辩选择反方二辩或三辩进行一对一攻辩一分三十秒

反方二辩选择正方二辩或三辩进行一对一攻辩一分三十秒

正方三辩选择反方二辩或三辩进行一对一攻辩一分三十秒

反方三辩选择正方二辩或三辩进行一对一攻辩一分三十秒

正方一辩攻辩小结一分三十秒

反方一辩攻辩小结一分三十秒

第三阶段(8 分钟)

自由辩论阶段:8 分钟,每队各 4 分钟。

第四阶段(6 分钟)

总结陈词阶段:反方四辩总结陈词,时间 3 分钟。

正方四辩总结陈词,时间 3 分钟。

第五阶段(2 分钟)

观众提问阶段:台下观众可向台上任何一方辩手发问,时间到两分钟时即停止提问,若继续提问辩手可不回答。

注:每位辩手发言时间剩 30 秒时,将有一次笛声提示,当辩论时间用完时,有两次铃声提示,辩手应立刻停止发言。

(五) 攻辩规则及自由辩论规则

1. 攻辩

(1) 质询者控制质询时间,可以提出与题目有关的合理而清晰的问题,并可以随时停止被质询者的回答。

(2) 攻辩时间内,质询者应询问问题,不得自行申论或就质询所获之结果进行引申,否则视为违规。质询者自行申论或引申发言时,答辩者有权要求其停止。

(3) 答辩者不得对质询者提出询问,否则视为违规。

(4) 答辩者可以要求质询者重述其质询,但不得恶意为之,否则视为违规。

2. 自由辩论

(1) 自由辩论时间总共为 8 分钟,每队各 4 分钟。

(2) 自由辩论必须交替进行。当自由辩论开始时,先由正方任何一名队员起立发言。完毕后,反方的任何一位队员应立即发言,双方依次轮流发言,直到双方时间用完为止。

(3) 在自由辩论时间里,每一位辩手的发言次序、次数和时间均不受限制。

(4) 当一队的发言时间剩 30 秒钟时,将有一声笛声提示,当该队的发言时间用完时,会有两声笛声提示,该队应立即停止发言。

(5) 如果一队的发言时间已经用尽,另一队还有剩余时间,则该队的辩手可以继续发言,直到该队的时间用完为止。

(6) 自由辩论是检验一个队整体配合能力以及每一位辩手个人实力的重要阶段。辩手应充分利用这段时间,简洁明了地加强自己的论点,机智有力地反驳对方的论点,如果流于空洞无物的攻击或有意回避对方的质询及发言观点,或者出现语误、空场等情形,都将影响该队的成绩。

注：各队辩手辩论中可将资料集中在自制卡片上，发言时以备参考，但不能宣读事先已拟好的稿件或展示预先准备好的图表或字板，在自由辩论时队员可以相互提供发言线索。

（六）评分标准及扣分情况

评判标准：

可以综合仪表举止、辩论逻辑、辩论技巧、辩论深度、辩论语言和整体配合等加权分阶段评分，最后综合分数。

扣分情况：

1. 当主席宣布时间已到时，辩手仍继续发言超过5秒钟；
2. 攻辩与自由辩时重复提问或回避问题，打断对方说话，阻止对方回答或长时间回答问题；
3. 攻辩时，辩方反问攻方问题，攻方回答辩方问题；
4. 一辩或四辩在做攻辩小结或总结陈词时脱离实际；
5. 攻辩与自由辩时任意更换发言队员；
6. 自由辩时一方队员连续发言（另一方时间已到除外）；
7. 自由辩论时对重要问题回避两次以上或对于对方已经明确回答的问题仍然不放。

二、社会调研以及调查问卷的设计与数据分析

(一)社会调研的方法

所谓调研,即为调查研究而已。而调查之意即指应用科学方法,对特定的社会现象进行实地考察,了解其发生的各种原因和相关联系,从而提出解决社会问题对策的活动。

在作调查要注意以下方面:第一,要有明确的调查目的,晓得自己做什么。第二,要选择好具有社会意义的调查对象;第三,运用科学的调查方法,就是晓得如何来达到自己的目的。第四,实际的调查效果。

据其调查内容和功能的不同,调查可分为研究性的调查(为解决理论性或政策性的问题而进行)和工作性的调查(为解决当前实际工作中的问题而进行)。

(二)社会调研的步骤

作社会调研,大体可分由以下几步:

第一步,选题。根据当前国家经济形势和相关的方针政策,以及自己的兴趣和学识,并结合社会调查的要素特征,选定一个值得研究的问题,如小城镇建设,退耕还林等等。

选题时应当采用必要的查阅文献资料,咨询相关老师等方法。

第二步,计划。紧扣选定的主题,参照相关资料,提出不同层次的问题,并确定系统的调查项目,比如说要研究小城镇建设的问题,就要提出其必要性和所需条件等问题,每个问题又包含了若干小问题。

第三步,设计指标。指标就是用一定的数量和单位来描述调查对象,如某地区的人口和人均收入等。要用各种数量指标和质量指标从各方面完整地揭示调查对象的本质特征,保证其纵向和横向的可比性。

第四步,拟定提纲。就是用提纲的形式将以上的准备确定下来,对所有提出的问题和项目加以精选,区别轻重缓急,使其系统,完整。

第五步,选择适当的调查方式和方法。

常用的调查方式有普遍调查(对调查对象的每个部分每个分子毫无遗漏的逐个调查),典型调查(选择一个或若干个具代表性的单位 做全面、系统、周密的调查),个案调查(对社会的某个个人,某个人群,或某个事件,某个单位所做的调查)。

常用的调查方法有问卷法(合理设计问卷,采用开放式,封闭式或混合式问卷收集信息)、文献法(通过书面材料,统计数据等文献对研究对象进行间接调查)、访问法(通过交谈获得资料)、观察法(现场观察,凭借感觉的印象搜集数据资料)。

（三）问卷设计

调查问卷又称调查表或询问表，是以问题的形式系统地记载调查内容的一种印件。问卷可以是表格式、卡片式或簿记式。设计问卷，是询问调查的关键。完美的问卷必须具备两个功能，即能将问题传达给被问的人和使被问者乐于回答。要完成这两个功能，问卷设计时应当遵循一定的原则和程序，运用一定的技巧。

1. 问卷设计的原则

(1) 有明确的主题。根据调查主题，从实际出发拟题，问题目的明确，重点突出，没有可有可无的问题。

(2) 结构合理、逻辑性强。问题的排列应有一定的逻辑顺序，符合应答者的思维程序。一般是先易后难、先简后繁、先具体后抽象。

(3) 通俗易懂。问卷应使应答者一目了然，并愿意如实回答。问卷中语气要亲切，符合应答者的理解能力和认识能力，避免使用专业术语。对敏感性问题采取一定的技巧调查，使问卷具有合理性和可答性，避免主观性和暗示性，以免答案失真。

(4) 控制问卷的长度。回答问卷的时间控制在20分钟左右，问卷中既不浪费一个问句，也不遗漏一个问句。

(5) 便于资料的校验、整理和统计。

2. 问卷的结构和内容

问卷表的一般结构有标题、说明、主题、编码号、致谢语和实验记录等6项。

(1) 标题

每份问卷都有一个研究主题。研究者应开宗明义定个题目，反映这个研究主题，使人一目了然，增强填答者的兴趣和责任感。例如，“厂级干部推荐表”，这个问卷的标题，把该厂人事部门的调查内容和范围反映出来了。又如，“中国互联网发展状况及趋势调查”这个标题，把调查对象和调查中心内容和盘托出，十分鲜明。我们在这里提这个常识性问题并不是多此一举，在实际工作中，有的同志不注意问卷的标题，要么没有标题，要么列一个放之四海而通用的标题。

(2) 说明

问卷前面应有一个说明。这个说明可以是一封告调查对象的信，也可以是指导语，说明这个调查的目的意义，填答问卷的要求和注意事项，下面同时写上调查单位名称和年月。

问卷开头主要包括引言和注释，是对问卷的情况说明。

引言应包括调查的目的、意义、主要内容、调查的组织单位、调查结果的使用者、保密措施等。其目的在于引起受访者对填答问卷的重视和兴趣，使其对调查给予积极支持和合作。

引言一般放在问卷的开头，篇幅宜小不宜大。访问式问卷的开头一般非常简短；自填式问卷的开头可以长一些，但一般以不超过两、三百字为佳。

(3) 主体

这是研究主题的具体化，是问卷的核心部分。问题和答案是问卷的主体。从形式上看，问题可分为开放式和封闭式两种。从内容上看，可以分为事实性问题、意见性问题、断定性问题、假设性问题和敏感性问题等。

(4) 编码号

并不是所有问卷都需要的项目。在规模较大又需要运用电子计算机统计分析的调查，要求所有的资料数量化，与此相适应的问卷就要增加一项编码号内容。也就是在问卷主题内容的右边留统一的空白顺序编上 1，2，3……的号码(中间用一条竖线分开)，用以填写答案的代码。整个问卷有多少种答案，就要有多少个编码号。如果一个问题有一个答案，就占用一个编码号，如果一个问题有 3 种答案，则需要占用 3 个编码号。

(5) 致谢语

为了表示对调查对象真诚合作的协议，研究者应当在问卷的末端写上感谢的话，如果前面的说明应经有表示感谢的话语，那么末端可不用。

(6) 实验记录

其作用是用以记录调查完成的情况和需要复查、校订的问题，格式和要求都比较灵活，调查访问员和校查者均在上面签写姓名和日期。

3. 问卷问题的措辞与语言

无论哪种问卷，问题的措辞与语言十分重要。语言与措辞要求简洁、易懂、不会误解，在语言各个方面都有要求。

(1) 问题应该针对单一论题

调研必须立足于特定的论题，如“您通常几点上班?”是一个不明确的问题。这到底是指你何时离家还是在办公地点何时正式开始工作? 问题应改为“通常情况下你几点离家去上班?”

(2) 可题应该简短

无论采取何种收集模式，不必要的和多余的单词应该被剔除。以下就是一个复杂的问题，“假设你注意到你冰箱中的自动制冰功能并不像你刚把冰箱买回来时的制冰效果那样好，于是打算去修理一下，遇到这些情况，你脑子里会有一些什么顾虑?”简短的问题应该是“若你的制冰机运转不正常，你会怎样解决?”

(3) 问题应该以同样的方式解释给所有的应答者

所有的应答者应对问题理解一致。例如，对问题“你有几个孩子?”可以有各种各样的解释方式。有的应答者认为仅仅是居住家里的孩子，然而，另一个可能会把上次结婚所生的孩子也包括进去。这个问题应改为:“你有几个 18 岁以下并居住在家里的孩子?”

(4) 问题应该使用应答者的核心词汇

核心词汇就是应答者每天与其他人进行交流的日常语言词汇。

(5) 如果可能，问题应该使用简单句

简单句之所以受到欢迎是因为它只有单一的主语和谓语。然而复合句和复杂句却可能有多个主语、谓语、宾语和状语等。句子越复杂，应答者出错的潜在可能性就大。

(四) 问卷的数据统计与分析

1. 问卷数据的审核与录入

先要看看有无存在漏答或错答现象，以及记录是否充分。然后统计问卷的回收率和合格率。

通常是没有百分百的回收率和合格率，若出现低回收率或低合格率，要找出问题症结所在。

（1）为了便于后面的数据分析，需要对某些文字问题的答案进行必要的量化处理，如了解的程度：

很了解	了解	稍微了解	无所谓	不太了解	不了解	很不了解
1	2	3	4	5	6	7

（2）要重视对受访者背景资料的了解

对受访者背景资料，如性别、年龄、学历、职业、生活环境等的资料有可能会成为你调研问题深入分析的关键。

2. 问卷的统计与分析

（1）数据分析：描述调查对象的基本状况

我们知道，调查的首要目的在于清楚了解研究对象当前的状况，即“是什么”的问题。通常，数据分析的方法有：一种是分组归类法，即使原本杂乱的数据清晰化、条理化。可以通过频数颁布表或频数分布图来表示；另一种是描述统计，这种方法主要是了解研究对象的基本情况。

（2）描述统计

数据的描述——单变量分析。集中趋势，主要是反映研究对象的一般水平，用算术平均数、中位数、众数来表示，如一个地区的工资水平，均值为543元、众数为510元、方差为49^2；离散程度，主要是说明数据的变异程度和平均数的代表性水平，通常用全距、标准差和方差来表示。

（3）数据因果关系分析，即多变量分析

这种分析通常是多变量分析，可以采用分组比较，如我校女生消费多还是男生消费多？差异显著吗？专科生、本科生、研究生，哪个消费多？差异显著吗？（可以将数据用图表的形式列出进行比较）也可以进行相关分析，如决定高职生消费水平的有年龄、消费观念、家庭状况、学历、收入、性别等（也可以用图表示这种决定的相关）；因果分析可以用回归分析，如家庭条件、生活环境、消费观念、年龄、性别这些影响因素中哪个对大学生消费水平影响最大？

（4）通过数据预测未来

通过现在信息推断未知，为将来的行为、政策借鉴和参考。譬如我院学生的消费水平状况，如果你想在我院附近开店，你就找到了定位，还有如果你是学校领导，你会采取什么样的措施正确引导学生消费等等。

（5）撰写调查报告

用数字说话，并对数据加以文字说明，即通过调研的第一手资料，围绕数据，展开分析，重点突出，文字要精炼流畅，必要时，可以查找别人的成文资料（第二手资料）以供参考。在做撰写报告时，要善于图文并茂，即用柱状图、饼图、折线图、散点图等来表示。

常用的统计软件有：EXCEL、SPSS、Matlab、Stata、SAS等等，建议我们的学生使用EXCEL即可，已经能够满足我们调查的数据分析之需要。

三、调查问卷样卷

南京化工职业技术学院大学生爱国主义思想状况调查问卷

亲爱的同学们：

为了了解我院大学生在爱国精神、爱国情怀、爱国的时代价值观等爱国主义状况，并为我院的学生思想政治工作提供必要现实理论依据，全面提高我院大学生的思想素质，培养出一批具有高素质的技能人才，我们在全院开展关于大学生爱国主义状况的调查。本问卷不署姓名，请您如实表达您的看法和观点，不必有任何顾虑。

谢谢你的真诚合作！

××班　张飞第3实践小组

2015-5-6

填表说明：

① 请在每一个问题后填写适合自己情况的答案，或者"√"出自己的选项。

② 若无特殊说明，每一个问题只选一个答案。

③ 填写问卷时，请不要与他人商量。

(一) 基本情况

1. 您的性别：

A. 男　　B. 女

2. 您正在念大几：

A. 大一　　B. 大二　　C. 大三

3. 您所在系部：

A. 化工系　　B. 机械系　　C. 应化系　　D. 信息系

E. 经管系

4. 您的政治面貌：

A. 共产党员　　B. 共青团员　　C. 其他

5. 您是否是独生子女：

A. 是　　B. 否

6. 您的年龄：

A. 85后　　B. 90后

(二) 调查内容

7. 你对我国的历史传统、地理环境、生产方式了解的程度如何？(单选题)

A. 比较了解　　B. 一般了解
C. 不太了解　　D. 不了解

8. 如果现在有一家商场承认台湾是一个国家，你做什么？（多选题）
A. 以自身抵制进行抗议
B. 号召抵制，通过媒体、报纸、杂志、博客、QQ等发表意见
C. 依法进行游行示威
D. 对该商场进行捣乱
E. 杀人放火
F. 不闻不问

9. 就个人而言，你的爱国方式有哪些？（多选题）
A. 将自身价值寄赋予祖国的需求中，把理想定位于振兴中华
B. 时刻关注国际大事，了解它们和我国的联系及对我国的影响
C. 把目光聚焦于本国国内事务中，通过各种途径为国家发展出谋划策
D. 树立民族自信心、自尊心和自豪感，反对崇洋媚外，热爱中华文化
E. 自觉抵制拜金主义等的侵蚀，发扬艰苦朴素、勤劳节约等优秀民族精神

10. 作为一名中国人，你是否感到自豪？（单选题）
A. 很自豪　　B. 比较自豪
C. 一般　　D. 没什么感觉没什么好自豪的

11. 如果身边有人组织合法的爱国主义示威游行活动，你是否会参加？（单选题）
A. 肯定会　　B. 有可能会
C. 一定不会　　D. 视情况而定

12. 就目前大学生中盛行的在宿舍悬挂国旗以及不少人喜欢把国歌设为铃声的行为，你有什么看法？（单选题）
A. 很好，是爱国情感的表达　　B. 出发点很好，但实际意义不大
C. 幼稚，不是真正爱国 的表现　　D. 一种跟风行为

13. 如果你有条件并考虑出国留学，你的动机最可能是什么？（多选题）
A. 学习先进的科学文化知识，回来为国效力
B. 感受了解异国文化，丰富自己
C. 深造自己，在国外寻求更好的发展
D. 提升将来回国求职的竞争力

14. 你认为怎样的爱国方式属于理性？（多选题）
A. 抵制外国货　　B. 尽量支持民族产业
C. 参加示威游行活动　　D. 向周围的人宣传爱国主义
E. 仇视反对中国的国家和组织　　F. 努力学习和工作，报效祖国

15. 您如何看待外来文化入侵？你更崇尚于？（注意是两个问题）（多选题）
A. 外来文化中有很多糟粕，应该旗帜鲜明地抵制
B. 可以包容

C. 无所谓
D. 外来文化
E. 传统文化

16. 您认为爱国主义的重要性如何？（单选题）
A. 非常重要、比较重要
B. 一般
C. 不重要
D. 其他

17. 爱国主义实践应立足于努力学习，全面成长。
A. 完全同意
B. 比较同意
C. 不太同意
D. 完全不同意
E. 不知道

18. 你认为平时升国旗意义大吗？（单选题）
A. 很有意义
B. 有点意义
C. 形式而已，没有意义

19. 现代普及教育中关于爱国主义的教育是否有成效？（单选题）
A. 有很大成效
B. 成效一般
C. 一点成效
D. 空谈，没有成效

20. 您认为爱国主义体现在（多选题）
A. 热爱中国文化，传承中华文明
B. 热爱社会主义，认真贯彻社会主义荣辱观
C. 维护国家利益，把国家利益放在第一位
D. 其他

21. 针对非典、冰灾、地震等事件，您认为我国人民的爱国情感是否被激发？（单选题）
A. 众志成城，内心爱国情操表现得淋漓尽致
B. 大多数人还是很爱国的
C. 少数人才表现出来
D. 完全没有，前后一个样

22. 你认为作为当代的大学生，是否有必要关注国际上和国家中发生的一些大事？[例如：圆明园兽首拍卖事件、菲律宾正式通过吞中国九岛礁法案、西藏问题及达赖集团的地位和历史背景等]（单选题）
A. 非常有必要
B. 有一定必要
C. 无所谓，关系不大
D. 没有必要

23. 你针对侮辱中国政府和中国人民的某些国家及组织的反华行径如何看待？（单选题）
A. 愤怒！要组织游行示威去对付他们在中国的企业！要他们看看中国人的厉害！
B. 愤怒，但克制，不要过激，交给政府解决。
C. 不管他们！！做自己的事让他们说去吧。

24. 你对“中国威胁论”怎么看？（单选题）

A. 感到自豪,中国强大了!! 外国人害怕了。

B. 那是国际反华势力和某些国家不怀好意,诋毁中国并借机发展自己军力。

C. 无聊,纯属胡编,没必要! 中国还不很强大,不会有威胁。

25. 您觉得对抗日战争这段历史的认识应该达到怎样的程度?(单选题)

A. 深入学习和思考　　B. 比较了解

C. 基本了解　　D. 无需过多了解

26. 日本前任首相小泉纯一郎曾多次公开参拜靖国神社,你对此问题的看法?(单选题)

A. 强烈抗议,这是对日本军国主义的参拜

B. 反对参拜,但对此无能为力

C. 不值得大惊小怪,参拜靖国神社和军国主义复活无关

D. 我不了解这件事情

27. 请你谈谈你会如何用自己的实际行动做一名忠诚的爱国者?

问卷到此结束,再次谢谢您的耐心和合作!

四、创业计划的编写

（一）编写创业计划的意义

编写创业计划的过程，包括你在写计划以前的想法，迫使你客观地、严格地、不带个人感情地从整体角度审视你的创业构想；

一份完整的创业计划是有用的工具，如果使用得当的话，它会帮助你有效地管理你的企业和工作，最终使你走向成功；

完整的创业计划使你和他人的思想得到沟通，并为你的融资提供基础。

（二）创业计划的编写需要思考的问题

概念

- 你选择什么商务(business)活动(行业分析)？
- 为什么说你选择了正确的商务活动？
- 你想让你的企业以什么闻名？
- 你出售什么？
- 为什么人们从你这里购买？
- 你的竞争对手是谁？
- 你如何才能从竞争中赢得优势？

顾客

- 谁是(将是)你的顾客？
- 你为他们提供什么利益？
- 他们的数量是多少？
- 你需要多少顾客？
- 他们的购买方式是什么？
- 他们现在从哪里购买？
- 如何使他们知道你？

资金(或现金)

- 你需要多少资金？
- 你怎么保持充分的现金流量与流动性？
- 你需要多少营运资金？
- 你应该做什么样的预算？

• 你如何控制你的财务?

(三) 拟定创业计划书

当你选定了创业目标与确定创业的动机之后,在资金、人脉、市场等各方面的条件都已准备妥当或已经累积了相当实力,这时候,就必须提出一份完整的创业计划书,创业计划书是整个创业过程的灵魂,在这份白纸黑字的计划书中,主要详细记载了一切创业的内容,包括创业的种类、资金规划、阶段目标、财务预估、行销策略、可能风险评估、内部管理规划等,在创业的过程中,这些都是不可或缺的元素。

(四) 创业计划书的内容

1. 创业的种类。主要包括创办事业的名称、事业组织形态、创业的项目或主要产品名称等,这是创业最基本的内容。

2. 资金规划。资金即指创业的基金来源,应包括个人与他人出资金额比例 、银行贷款等。

3. 阶段目标。阶段目标是指创业后的短期目标、中期目标与长期目标,主要是让创业者明了自己事业发展的可能性与各个阶段的目标。

4. 财务预估。详述预估的收入与预估的支出,甚至应该列述事业成立后前三年或前五年内。

5. 行销策略。行销策略包括:了解服务市场或产品市场在哪里,销售方式及竞争条件在哪里,主要目的是找出目标市场的定位。

6. 可能风险评估。这一项目指的是在创业过程中,创业者可能遭受的挫折 ,例如:经济不景气、竞争对手太强、客源流失等等,这些风险对创业者而言,甚至会导致创业失败,因此,可能风险评估是创业计划书中不可缺少的一项。

7. 其他。包括创业的动机、股东名册、预定员工人数、企业组织、管理制度以及未来展望等等。

五、校园心理剧的创作方法

校园心理剧通过演绎校园生活中的人和事来减缓学生的心理压力，缓解学生心理压力，解决心理问题。作为戏剧的形式之一，校园心理剧涉及剧本的结构与创作。校园心理剧的结构与创作，要根据心理剧的要素、过程特点，结合校园实际生活进行。

（一）校园心理剧的构成要素

1. 人物

人的生活方式、行为习惯、内心矛盾与冲突正是心理剧研究、探讨和解决的主要问题；心理剧的结构、情节、情景、主题等也必须围绕人物来进行。校园心理剧涉及四种角色。

（1）辅导老师

作为心理剧的策划者、组织者，把握和控制心理剧的进行，在需要时进行点拨。在暖身阶段对群体行为作评估，并进行角色分配和组织热身；在演出阶段描述探索问题、维持演出过程和进行解释；在分享阶段组织问题分享各自的体验和感受。

（2）当事人

指遭受心理困惑并急需解决这些困惑的学生，他们在表演过程中提出问题并获得指导帮助，或者通过他人的表演演绎问题，领悟问题的原因，解决问题的方法。

（3）参与者

饰演当事人生活中重要角色，以其所饰演人物的口吻和行为方式同当事人交往并坦诚说出自己的想法。

（4）观众

心理剧的观众不是欣赏心理剧演出的，而是来体验心理剧的感受的。通过观看演出对当事人提供支持或领悟心理问题产生的实质，提高心理健康水平。

2. 活动场所

活动场所是人物活动的地点和事件发生、发展的空间，主要是舞台、观众席，包括灯光的设置、明暗，道具的摆放，背景音乐等等。

3. 内容

心理剧不塑造人物典型，而是围绕问题展开，重在通过问题展现心理发展历程和对问题的感受，探寻事件对个体心理发展造成的影响，并且通过对心理问题的陈述、辨别和澄清，来明确问题或调整心态。辅导老师利用丰富的知识、经验对表象进行分析，挖掘隐藏在背后的深层问题和意义，把零星的片象连接，找到造成心理问题的深层原因，通过表演、直观形象的显现，有助于当事人了解问题的真相和实质，更好地体验和领悟。

其中包括：

(1) 事件

事件是引起当事人内心冲突的导火线和造成心理问题的原因，是其真实生活中发生的，对其造成重要影响的事情。心理剧围绕事件展开，通过对事件的演绎进而对其进行重新思考和领悟，达到认知改变和行为矫正的目的。

(2) 人物关系

人物关系是人在社会生活中通过交往所形成的人与人之间各种关系，成为个人生活甚至生命中的一部分，对个人的成长发展起着极其重要的作用，从各个方面影响着人的心理。心理剧通过角色扮演的方式，展现造成心理问题的各种关系，使当事人通过观察或领悟来调整自己的行为，从而为自己在现实生活中恰当地处理各种人物关系奠定基础。

(二) 校园心理剧结构的组成部分

校园心理剧是探讨和解决心理问题的，以问题为主线展开剧情情节，其结构包括提出问题、分析问题、解决问题、分享感受四部分。

1. 提出问题

(1) 开端的任务

① 交代故事发生的时间、地点、背景、时代特点等

② 交代人物之间的关系

③ 引出全剧的主要矛盾和问题

(2) 开端的形式

① 辅导老师说明和旁白(也可以学生自己完成)

② 情节引出：通过演员一连串的动作来暗示时间、地点和事件的起因。

2. 分析问题

问题提出以后，就要分析造成这些问题的原因和各个事件的影响程度及相互关系。通过对造成心理问题的相关事件和人物关系的精心演绎，使问题层层展开，不断深化，从而探讨这些问题对个人心理产生的影响程度以及他人如何看待这些问题。

人物的内心心理感受不能仅仅通过表白来说明和揭示，而要以角色扮演的方式，以第一人称的身份通过相应动作表现出来，通过动作表现人物对某一具体事件的情绪反映和内心体验，真实地再现当时具体的情景，从而使当事人有所领悟和感受。由于角色扮演提供了在假设、不用负责的情况下尝试应付问题，以发现问题所在，从而学习及练习应付问题的技巧。通过对这些问题的演绎，使演员和观众受到震撼和感悟。

3. 解决问题

心理和行为问题的改变不是通过一两次角色扮演就能实现的，这是一个持续过程，需要当事人在领悟的基础上通过日常生活的训练来完成。解决问题只是指当事人症状有所减轻或有所领悟，找到了问题的原因和解决问题的方法。

心理剧的结局要有深意，能够引起观众的回味与反思，要通过内心冲突与斗争，使观众有所体验和领悟，改变一些不恰当的行为。

结局可以通过辅导老师的解释来完成，也可以通过旁白来进行。

4. 分享感受

辅导老师在扮演结束后把大家组织起来，相互交流角色扮演的感受和领悟，使当事人从不同角度看待问题，了解别人的反应和感受，学会换位思考，改变不正确的认知；同时使团体气氛更融洽，使当事人获得安全感和归属感，获得团体的支持和帮助，从而消除无助感，增强信心和勇气。

（三）校园心理剧创作中的艺术手法

为了使剧情发展起伏变化，合情合理，引人入胜，引起观众的共鸣和反思，有力地表达作者的创作意图，所以校园心理剧在编排上常常使用一些艺术手法。

1. 悬念

就是剧情发展中使观众产生好奇、不安和期待，使他们急欲探究其究竟，或对下文加以揣测的戏剧性因素。运用悬念必须注意：矛盾冲突的提出和解决要拉开距离；忌绝对保密；整体悬念和小悬念结合。

2. 重复

在剧情发展过程中，对那些刻画人物性格、揭示主题思想，以及体现当事人强烈内心冲突的关键场景、动作、语言、道具、细节乃至音响做重要处理，强化作品感染力。

在重复中要有发展、变化、层次，在量变中孕育着质变。

3. 渲染

对重点场次、情节，加以淋漓尽致的描述，加强作品戏剧性。

4. 对比

如形象之间的对比、情节发展的对比、性格前后的对比、心理状态的对比，语言、节奏等等方面的对比。通过提炼、加工、艺术化、典型化的对比描写，可以更深刻地反映学生心理的本质。

根据具体的情况恰当地采用合适的表现方法。

（四）校园心理剧的创作

1. 校园心理剧的题材

主要反映学生在校园生活中所发生的种种事件和学生中存在的心理困惑和问题。

题材内容包括：

（1）升学适应不良的问题

环境不适应、生活自理能力差、自我认知失调等。

（2）与学习有关的问题

注意记忆障碍、考试焦虑、动力失落、专业不满意、成绩波动过大、厌学等。

（3）人际交往方面的问题

宿舍关系失调、同学之间不和、异性交往不当、社交恐怖、缺乏交往技能、难以被他人接纳等。

(4) 情绪性格问题

情绪不稳定、消极情绪体验过多、过于内向封闭、性格缺陷等。

(5) 其他心理问题

家庭关系不协调、经济困难、自杀预防等。

2. 题材处理

心理剧的成功与否，主要取决于题材的处理工作。处理方法分正面处理和侧面处理两类。侧面描述更富艺术性。

3. 主题思想

包括题材本身提供的客观存在的一面和作者根据一定的立场、观点所选择、处理、描写和评价的一面。若能找到题材所赋予的主题意义后，就能给予题材和剧本以新的生命、新的光彩和新的教育意义。

4. 心理剧的戏剧冲突

包含性格冲突、内心冲突以及人物和环境的冲突。

六、“大学生消费结构”调查表

亲爱的同学：

你好！为了进一步了解在校大学生的消费心理，熟悉大学生的消费结构，最终引导健康消费，我们组织了这项调查。请你在紧张的学习之余给我们提供宝贵的信息与意见。此调查不记姓名，你在填表时不要有任何顾虑，请按照表中的说明在□内酌情打“√”(除特别注明外均为单选)或在________内据实填写。

真诚谢谢你的合作！

1. 你的性别

男□　　　　女□

2. 你就读的院系________

3. 你所学的专业________

4. 你所在的年级

大一□　　　　大二□　　　　大三□

5. 你来自

农村□　　　　城镇□

6. 你的家庭月平均总收入

2 000 元以下□　　2 001～5 000 元□　　5 001～10 000 元□　　10 001 元以上□

7. 你的家庭人均月收入

1 000 元以下□　　1 001～3 000 元□　　3 001 元以上□

8. 你的生活费来源

家庭供应□　　　　勤工俭学□

部分由家庭供应，部分靠勤工俭学或者奖学金□　　　　其他________

若有勤工俭学的经历，你从事哪一类工作

家教□　　　　钟点工□　　　　促销□　　　　创业□

其他________(可多选)

9. 你每月的生活费是多少

600 元以下□　　601～1 500 元□　　1 501～2 500 元□　　2 501～4 000 元□

4 001 元以上□

10. 你平均每月在吃的方面(包括伙食、水果、点心等)的花费

450 元以下□　　451～700 元□　　701～1 500 元□　　1 501～2500□

2 501 元以上□

11. 除吃的花费外，你的其他花费主要在
购买学习资料□　　手机费用□　　购买日常用品□
购买衣物□　　其他________（可多项选择）
12. 你平均每月用于购买学习资料的花费
20 元以下□　　21～100 元□　　101～250 元□　　251 元以上□
13. 你平均每天使用手机或者其他工具上网的时长为
2 小时以下□　　2～4 小时□　　4～6 小时□　　6 小时以上□
（选"从不上网"的跳过第 14 题）
14. 你上网最多用于做什么？
聊天□　　打游戏□　　购物□　　看剧□
刷朋友圈□　　学习□
15. 你平均每月的电话费
20 元以下□　　21～50 元□　　51～100 元□　　100 元以上□
16. 你平均每月购买日常用品的花费
50 元以下□　　51～100 元□　　101 元～200 元□　　200 元以上□
17. 你平均每月购买衣物的花费
50 元以下□　　50～200 元□　　51～200 元□　　201～500 元□
501～1 000 元□　　1 001 元以上□
18. 你每月的钱
花不完□　　正好花完□　　不够花□
会使用花呗等借贷工具□
19. 你希望每月的生活费是
600 元以下□　　601～1 500 元□　　1 501～2 500 元□　　2 501～4 000 元□
4 001 元以上□

（资料来源：http://www.zhsj.whjy.net/n240c26.aspx，略有所改动）

七、小品:同学情

马自达:(唱)我们还能不能,能不能再吃饭,我在餐厅苦苦求了几千年,能不能快一点,真是的,该吃饭了还是不下课,算了再等吧!

秦晓会:马自达,你整天就知道吃,还会干啥?

马自达:我还会说相声,说,有一个故事的名字啊叫"逗你玩"……

秦晓会:得得得,又开始了!谁不知道你马自达的嘴皮子厉害呀,都快赶上火车了。

马自达:你不要搞个人崇拜好不好,这叫做才,才子,嘿嘿……

夏雨:你们在干吗呢!什么才子呀!你们谈得挺热闹的嘛。

马自达:什么交谈呀!我们是在聊,聊那个天生我材必有用,千金什么什么还会来?

秦晓会:嗯,往下背,你不是有才吗?背呀!

马自达:我不背了,俗话说得好,谦虚能使人进步,哈哈进步。

夏雨:好了,好了,别争了,马自达,你们注意到了吗?

马自达:什么,是不是你又注意到那个男孩了,怎么又喜欢上他了。哈哈,现在的学生真是早熟,就像我十五岁那年就开始恋爱了,就是谈不成功,到现在还是孤家寡人,(唱)你怎么忍心伤害我,我心里好难过,等到有一天,我一定把你抓到。

秦晓会:好了,别展示了,就你那破喉咙还唱歌呢,人家唱歌要钱,你唱歌要命。

马自达:这就是个人创新,要不你来一段。

秦晓会:真是的,什么创新呀!那是有病。

夏雨:又开始了,你们两个真像……

马秦:像什么?

夏雨:说正事,你们发现了没……

马秦:发现什么呀快说。

夏雨:小玲有些反常。

秦晓会:对,我也有些似乎大概有些察觉。

马自达:什么反常?

秦晓会:你是个猪呀!

夏雨:我老看他不去餐厅吃饭,在宿舍一个人吃馒头。

马自达:这有什么反常的,这是发扬艰苦奋斗的优良传统,就像我吃馒头夹鸡腿,真好吃。

秦晓会:别打岔,夏雨接着说。

夏雨:我还隐约听到他家里好像发生了什么事,好像她妈妈得了什么病。

马自达:不会吧。前天我还见她和她妈妈在一块逛街呢。

秦晓会:逛你个头呀,前天那是她姑姑好不好,真笨。你妈那么年轻呀。真是的。
马自达:我……我妈就年轻。
秦晓会:好,以后我叫你妈就不叫阿姨,叫姐姐行吧。
马自达:你不应该叫姐姐。
秦晓会:那我叫什么呀?
马自达:你应该叫伯母。
秦晓会:伯你个头啊?好好听雨姐说。
夏雨:她平时就寡言少语的,难道……
马自达:难道什么呀,我想我们应该好好帮她。
夏雨:我想应该这样。

(几个人在一起商量)

夏雨:(打电话状)兰兰,一定要把小玲叫出来哟。我们找她有事,我们在教室等你们。
兰兰:什么事呀!
夏雨:有有有,快点呀马自达,你买蛋糕了没呀?
马自达:买了,马上回去。
秦晓会:雨姐,今天好像古老师也要来。
古:我来了。
秦晓会:(小声说)说曹操,曹操呀,真及时。
古:小会,你在说什么呢?
秦晓会:我在背古诗呢。曹操的《归园田居》。
古:你看小会这孩子就知道学,夏雨,我让你办的事办得怎么样了?
夏雨:准备好了,老师,我办事您就放一百个心吧。
一会儿,马自达拿着蛋糕慌慌忙忙地回来,见到古老师。
马自达:古老师,蛋—蛋—蛋—蛋糕回来了。
古:这回没带鸡腿回来呀。

马自达笑着把蛋糕放在桌子上。

一会兰兰和小玲来了,古、秦晓会、马自达、(把蜡烛插在蛋糕上)夏雨唱生日歌。

小玲:这是……
马自达:今天是你的生日。
古:怎么,连自己的生日都忘了?
秦晓会:小玲姐,祝你生日快乐。
小玲:谢谢,谢谢,谢谢。
夏雨:小玲来许个愿吧。

(大家围在一起,小玲吹蜡烛)

古:(拿着一个纸包)这是同学们的一点心意,拿着吧。
小玲:不不不,老师。
古:你的家庭情况我们也有所了解,把这些钱拿去给你妈妈好好看病。

小玲:这—这—古老师,同学们,谢谢,谢谢,谢谢你们。

马自达:小玲,以后我们会帮你的,别忘了咱们是兄妹,是纯爷们儿。

秦晓会:什么纯爷们儿,是铁哥们。

众:对,我们是兄妹,是永远的铁哥们儿。

音乐《爱的奉献》

(资料来源:http://www.coffbar.com/Article/qg/201112/35919.html)

八、民事起诉书写作

(一) 民事起诉书写作要点

第一,当事人的姓名、性别、年龄、民族、职业、工作单位和住所,法人或者其他组织的名称、住所和法定代表人或者主要负责人的姓名、职务。当事人的基本情况,应按原告、被告分别列出,原告无诉讼行为能力而由法定代表人起诉,或者由委托诉讼代理人代理诉讼的,应在原告之后说明诉讼代理人的姓名、性别、民族、职务、工作单位和住所。

第二,诉讼请求和所根据的事实与理由。这部分是起诉状的主要内容。诉讼请求必须具体、明确,该写的一定要写,因为其事关法院审查的范围。但千万不可不加思考地乱要求,如果无相应的证据来支持你的主张,势必遭到败诉的后果,通常还会因此而向法院支付相应的诉讼费。关于事实与理由部分也是至关重要的,一般要求内容真实详尽,理由充分,切不可不着边际洋洋洒洒上万言却未及案件的核心要害。

第三,证据和证据来源、证人姓名和住所。案件事实是否存在,需要证据证明。《民事诉讼法》规定了原告的举证责任。因此,原告在书写起诉状时,对提出的诉讼请求和提出这种请求的理由都应该提供证据证明。证据包括书证、物证、视听资料和其他证据,若系证人证言,须注明证人姓名和住所,以备人民法院查对证言和通知其出庭作证。

(二) 民事起诉书格式

1. 原告为自然人时起诉书格式

民事起诉书

原告姓名、性别、民族、出生年月、籍贯或所属地、住址、身份证号码、联系方式。

被告姓名、性别、民族、出生年月、籍贯或所属地、住址、联系方式。

诉讼请求

(写明向法院起诉所要达到的目的)

事实和理由

(写明起诉或提出主张的事实依据和法律依据)

此致

××××人民法院

起诉人:(签名或盖章)

××××年×月×日

附件:(1) 本诉状副本×份(按被告人数确定)。

(2) 合同副本××份。

(3) 其他证明文件××份。

2. 原告为法人时起诉书格式

民事起诉书

原告名称、地址、联系方式。

法定代表人姓名、职务。

被告名称、地址、联系方式。

法定代表人姓名、职务。

诉讼请求

(写明向法院起诉所要达到的目的)

事实和理由

(写明起诉或提出主张的事实依据和法律依据)

此致

××××人民法院

原告:(签名或盖章)

××××年×月×日

附件:(1) 本诉状副本×份(按被告人数确定)。

(2) 证据××份。

(3) 其他材料××份。

(三) 民事起诉书范本

民事起诉书

原告××,女,汉族,××××年××月生,××市人,住××路××号××室,身份证号:××××××××××××××××××,电话:×××××××××。

被告××,男,汉族,××××年××月生,××市人,住××路××小区××室。

被告××有限公司,地址:××市××路××号,电话:××××××××。

法定代表人××,系公司总经理。

被告××保险股份有限公司××分公司,地址:××市××路××号。

法定代表人××,系公司经理。

诉讼请求

一、判令被告赔偿原告各项损失××××元(附赔偿清单);

二、本案诉讼费由被告承担。

事实与理由

2010年××月××日下午××:××,当原告在上班途中,骑助动车正常行经××路与××路路口时,遭遇第一被告驾驶的小客车(牌号为沪A＊×××××)右转弯撞击,致使原告头部直接坠地及身体多处受伤,并致使原告的助动车严重损坏。事故发生后原告被送往××市人民医院,经门诊诊断,造成原告头部颅底骨折,左颞顶头皮下血肿、压痛、耳聋等。后经××公安局交巡警大队认定，第一被告对上述事故承担全部责任，原告无责任(见证据 1)。原告又于 2010 年××月××日，经××市道路交通事故鉴定中心伤残评定，确认“××路交通事故致(事故后出现的病遗症)，属十级伤残”(见证据 2)。又于 2010 年××月××日，双方不能达成一致意见，交警出具了道路交通事故损害赔偿调解终结书。

原告乙胪脑受伤，××市人民医院于××××年××月××日曾出具入院通知书，要求原告应住院手术检查，但由于住院手术检查费用高达 1 万余元，且当时原告经济窘迫而被告拒绝作任何赔偿的情况下，原告不得不放弃了住院手术治疗的机会(见证据 4)。现已造成原告留有后遗症，经常头痛、头晕、耳鸣等，不得不被原单位解雇，至今不能正常上班。

另外，由于事故原因，原告助动车损坏严重，至今仍在被告处。且由于被告未履行修缮和归还义务，现已造成助动车报废，使原告经济损失 5 000 元。

综上所述，原告认为：被告的行为显然构成对原告的侵权，并且直接给原告造成了人身损害和经济损失，据此，原告为维护自身合法权益，依法提起诉讼，恳请法院支持原告的诉讼请求。

此致

××××人民法院

起诉人(签名)：

××××年××月××日

附件：

(1) 本诉状副本 3 份。

(2) 证据 ×× 份，共 ×× 页。

(3) 原告的身份证复印件。

(4) 被告的信息资料。

九、劳动争议仲裁申请书

(一) 劳动争议仲裁申请书写作要点

第一,申请人在书写申请书时,应使用钢笔、毛笔或者打印。申请书由正本和副本组成,副本份数应按被申请人人数提交,由仲裁委员会送达被申请人。

第二,“请求事项”是申请人请求仲裁委员会解决劳动争议的具体事项,即申请人所达到的目的和要求。申请人应明确地向仲裁委员会提出仲裁的目的和具体要求事项,如要求履行劳动合同、要求撤销处理决定等。并要写明申请人对解决劳动争议所提出的具体主张,如责令被申请人补发工资××元、责令被诉人赔偿经济损失××元等。请求事项应当写得明确、具体、合法、相对固定。即应当“四要四不要”:一要明确,不要含糊;二要具体,不要笼统;三要合理、合法,不要提无理要求;四要相对固定,不要任意变换。对请求事项,在申请时要慎重,周密考虑,力求周到,没有遗漏。在立案后,对请求事项确有不实、不全、不确切之处,可以在规定期限内变更或者提出新的请求。

第三,“事实与理由”是申诉书的主体部分,是内容的重点,也是向仲裁委员会提出请求事项的根据。是指双方争议的事实或者被诉人侵权的事实及其证据。案情事实的具体内容,包括:(1)当事人之间的法律关系;(2)争议的发生、发展过程;(3)争执的焦点和具体内容;(4)被诉人应承担的责任。如申诉人自己也有一定责任,亦应提及,不能把过错完全推给被诉人。事实必须有证据来证实。所谓证据,就是证明所叙述事实的真实性、可靠性的依据。它决定着仲裁的胜负。对证据的要求是:(1)要列举证据名称和内容,证明何事;(2)要说明证据的来源和可靠程度;(3)要写明证人的姓名、职业、住所,请予调查;(4)要提交证据原件或者复印件。一般是先提交复印件或者抄件,到开庭时才提交原件。对证据的书写一般是在叙述事实时就随着列举证据。可在叙述事实中,用括号加以注明,这样节省笔墨。也可在叙述事实之后,单列一段来交代证据。

理由在讲清楚事实之后,应概括地分析争议的性质、危害、结果及责任,同时提出请求事项所依据的法律条款,以论证请求事项的合理、合法。理由,包括两方面:一是认定案件事实的理由;二是提出法律根据的理由。引用法律条文要全面、具体,应引到条、款、项,不能只引条。书写理由应做到“三要三不要”:一要讲道理,不要强词夺理;二要提供证据,不要空口无凭;三要有针对性地引用法律条款,不要没有法律根据。

第四,书写申请书应注意的问题

(1) 实事求是,分清是非。应坚持实事求是,严格忠于事实真相,不编造、不夸大、不缩小,不得将道听途说、查无实据的材料写进申诉书。在实事求是地叙述案情事实的基础上,还要阐明道理,分清是非明确责任,分析被诉人的行为是否侵权违法,有何过错,根据事实和法律被诉人应负什么责任,应负多大责任等。

(2) 有法可依,以理服人。要坚持摆事实、讲道理,坚持以理服人,而不能谩骂攻击,以势压人。特别要注意以法律作为依据,注意准确恰当地援引法律条文进行论证,阐明自己主张的合法性,以求得仲裁庭的认同。在引用法律上要注意防止牵强附会,乱引错引,更不能断章取义。

(3) 层次分明,详略得当。应高度重视表述的条理性、层次性以及内容详略的安排。全篇的结构要按照固定的格式,有次序地展开,不得前后颠倒或者相互混淆。陈述案情事实要线条清晰,或是按争议发生、发展的顺序,按时间先后来写;或是先交代争议当事人之间的关系,争议标的的情况,再写争议的原因与焦点等等。在内容安排上还要做到突出重点,详略得当。关键性的问题要说清说透,枝节问题、次要问题则可写得概略一些。切忌关键性问题没有说清楚,与案件无关或者关系不大的内容又说得过多。

(二) 劳动争议仲裁申请书格式

劳动争议仲裁申请书

申请人姓名、性别、民族、出生年月、籍贯或所属地、职业、住址、联系方式(申请人如为单位,应写明单位名称、法定代表人姓名及职务、单位地址)。

被申请人单位名称、单位地址。

法定代表人姓名及职务。

请求事项

(写明申请仲裁所要达到的目的)

事实和理由

(写明申请仲裁或提出主张的事实依据和法律依据,包括证据情况和证人姓名及联系地址。特别要注意写明申请仲裁所依据的仲裁协议)

此致

××劳动争议仲裁委员会

申请人(签名或盖章):

××××年××月××日

附:(1) 本申请书副本××份(按被申请人人数确定)。

(2) 证据××份。

(3) 其他材料××份。

(三) 劳动争议仲裁申请书范本

劳动争议仲裁申请书

申请人××,女,汉族,××××年××月××日生,××市人,住××路××号××室。

被申请人××××有限公司,地址:××市××路××号。

法定代表人××,系公司总经理。

请求事项

（1）裁决解除申诉人与被申诉人之间的劳动关系，并办理相关的档案交接手续；

（2）裁决被诉人给付申诉人经济补偿金 6 600 元；

（3）裁决被诉人给付申诉人工作期间的加班工资 13 420 元；

（4）裁决被诉人给付申诉人 2010 年元月工资；

（5）裁决给被诉人付未与申诉人签订 2009 年书面劳动合同的双倍工资 8 500 元；

（6）裁决被诉人支付申诉人带薪年休假工资报酬。

事实与理由

申请人于 2009 年 3 月进入被诉人公司工作。申请人一直服从被申请人的管理和安排，辛勤工作，工作日时常加班，双休日全部加班，被申请人却未向其足额支付劳动报酬。申请人也未能享有法定的带薪年休假，被申请人亦未按照法律法规的规定支付年休假工资报酬。

综上，被申请人不向申诉人足额支付额劳动报酬，不与申请人订立书面劳动合同，不按照法律法规的规定支付年休假工资报酬，已经违反了我国相关劳动法律法规的规定。申请人为维护自身的合法权益，依据我国有关劳动法律法规的规定，特向贵委申请劳动仲裁，请依法裁决。

此致

××××劳动争议仲裁委员会

申请人：×××

××××年××月××日

附：（1）本申请书副本 1 份。

（2）证据××份。

（3）其他材料××份。

十、模拟法庭剧本——寻衅滋事

审判长:1人
人民陪审员:2人
书记员:1人
公诉人:2人
辩护人:2人
被告人:3人
被告人:贾浩,天全市联想职业高中二年级学生
被告人:乙然,社会无业青年,曾因聚众斗殴罪被判处有期徒刑三年
被告人:包志林,本市联想职业高中二年级学生,与贾浩是同班同学
被害人:丁新,本市联想职业高中一年级学生
法警:2人

基本案情

贾浩与丁新同为联想职业高中在校住宿生,一天中午两人同在学生食堂排队时,因丁新插队,贾浩与其当场吵架,丁新打了贾浩一拳,两人被在场老师劝阻,贾浩十分气愤,认为在这么多同学面前被欺负,自己太丢脸了,遂怀恨在心,当晚贾浩在校外的一间游戏室玩时,遇到了自己在游戏室认识的朋友乙然,贾浩向乙然谈及中午在校发生的事,并对乙然讲想教训教训丁新,乙然当场同意,叫贾浩确定时间后和他电话联络,贾浩回宿舍后,又请同班同学包志林帮忙,叫包志林和他们一起去教训丁新,包志林心里虽不怎么愿意,但碍于朋友情面,只好点头同意。第二天,贾浩约乙然、包志林二人,在丁新回宿舍途中等候,丁新出现后,三人上前将丁新拦住,对丁新进行殴打,丁新撒腿就跑,乙然遂掏出随身携带的砍刀向丁新头部砍去,丁新被砍倒在地后,贾浩、乙然又在丁新身上猛踢几脚,丁新大呼“救命”。三人就立即逃窜至校外,贾浩、包志林二人于第二天向学校保卫科投案自首,乙然于当天被公安机关抓获。

模拟庭审过程

书记:请旁听人员安静,现在宣布法庭纪律:
一、不得随意走动及进入审判区;
二、不得鼓掌、喧哗、哄闹;
三、不准吸烟;

四、寻呼机、移动电话一律关闭。

法庭纪律宣布完毕，公诉人、辩护人、被害人入庭，审判长、人民陪审员入庭。

长：(敲锤)现在开庭。传被告人贾浩、乙然、包志林到庭，第一被告人姓名？

贾：贾浩。

长：性别？

贾：男。

长：出生年月日？

贾：1988 年 5 月 17 日生。

长：民族？

贾：汉族。

长：文化程度？

贾：高中文化。

长：职业？

贾：学生。

长：家庭住址？

贾：住本市召阳区阳光花苑 52 号。

长：什么时候被公安机关取保候审的？

贾：9 月 14 日。

长：第二被告人姓名？

乙：乙然。

长：性别？

乙：男。

长：出生年月日？

乙：1982 年 8 月 12 日生。

长：民族？

乙：汉族。

长：文化程度？

乙：初中文化。

长：职业？

乙：无业。

长：家庭住址？

乙：住本市召阳区河滨镇河滨村 15 号。

长：你以前有没有受过刑事处罚？

乙：有，2000 年曾因聚众斗殴罪被判处有期徒刑 3 年，2003 年 1 月 9 日刑满释放。

长：第三被告人姓名？

包：包志林。

长：性别？

包:男。

长:出生年月日?

包:1988 年 7 月 8 日生。

长:民族?

包:汉族。

长:文化程度?

包:高中文化。

长:职业?

包:学生。

长:家庭住址?

包:住本市召阳区江南家园 28 号。

长:什么时候被公安机关取保候审的?

包:9 月 14 日。

长:人民检察院的起诉书副本收到没有?何时收到?

贾浩:收到了。

乙然:收到了。

包志林:收到了。

贾浩:2005 年 10 月 28 日收到的。

乙然:2005 年 10 月 28 日收到的。

包志林:2005 年 10 月 28 日收到的。

长:三被告人收到起诉书距今天开庭已超过十天,符合法律规定。今天召阳区人民法院少年刑事审判庭在此依法公开开庭审理由召阳区人民检察院提起公诉的被告人贾浩、乙然、包志林寻衅滋事一案,审理本案的合议庭由审判员陈振霞,人民陪审员梅娟、吴波三人组成,由审判员陈振霞任审判长,书记员张宇担任法庭记录;受召阳区人民检察院指派,检察员蒋小蓉、唐硕出庭支持公诉;依据法律规定,被害人丁新及被告人贾浩、包志林的法定代理人到庭参加诉讼。受被告人贾浩及其家属的委托,丽人律师事务所律师李宁出庭为被告人贾浩辩护;受被告人包志林及其家属的委托,长城律师事务所律师崔志宇出庭为被告人包志林辩护;根据《刑事诉讼法》的规定,当事人在庭审中享有下列权利:

1. 可以申请合议庭组成人员、书记员、公诉人回避。也就是说如果上述人员与本案有利害关系,可能影响公正裁判的,可以请求换人;

2. 可以提出证据,申请通知新的证人到庭,调取新的证据,申请重新鉴定或者勘验检查;

3. 被告人除了可以委托聘请的律师辩护外,还可以自行辩护;

4. 被告人可以在法庭辩论终结后作最后陈述。

长:上述权利是否听清?

丁新:听清了。

贾浩:听清了。

乙然：听清了。

包志林：听清了。

长：被害人你是否需要申请回避？

丁：不需要。

长：被告人贾浩，你是否需要申请回避？

贾：不需要。

长：被告人乙然，你是否需要申请回避？

乙：不需要。

长：被告人包志林，你是否需要申请回避？

包：不需要。

法庭调查

长：现在开始法庭调查，首先由公诉人宣读起诉书。

公：天全市召阳区人民检察院起诉书，天召检刑诉〔2005〕76号。

被告人贾浩，男，1988年5月17日生，汉族，高中文化，学生。天全市联想职业高中学生。住本市召阳区阳光花苑52号。2005年9月13日，因涉嫌寻衅滋事罪被天全市公安局召阳区分局拘留，9月14日被取保候审。

被告人乙然，男，1982年8月12日生，汉族，初中文化，无业。天全市召阳区阳河滨镇河滨村15号。2005年9月13日，因涉嫌寻衅滋事罪被天全市公安局召阳区分局拘留，9月13日被执行逮捕。现羁押于天全市看守所。被告人乙然曾于2000年因聚众斗殴罪被判处有期徒刑3年。

被告人包志林，男，1988年7月8日生，汉族，高中文化，学生。天全市联想职业高中学生。住天全市召阳区江南家园28号。2005年9月13日，因涉嫌寻衅滋事罪被天全市公安局召阳区分局拘留，9月14日被取保候审。

被告人贾浩、乙然、包志林寻衅滋事一案，由天全市召阳区公安分局侦查终结，现移送审查起诉，经依法审查查明：2005年9月11日，被告人贾浩在本市联想职业高中食堂内，因排队买饭与丁新发生争执，后被告人贾浩遂纠约被告人乙然、包志林欲对丁新实施报复，次日下午4:30，三被告人在丁新回宿舍途中，将其拦住，乙然上前打了丁新一个耳光，丁新逃跑，三被告人随后追赶，被告人乙然掏出随身携带的砍刀，向丁新头部砍去，致其头部一8厘米长的创口，经法医鉴定为轻伤。丁新被砍倒在地，被告人贾浩、乙然又对丁新身上猛踢几脚，后被告人贾浩、乙然、包志林逃离现场。

上述事实，有被害人陈述、书证、物证、法医鉴定结论等证据证实，三被告人亦供认不讳。

本院认为：被告人贾浩、乙然、包志林在公共场所随意殴打他人，情节恶劣，其行为均已构成寻衅滋事罪。被告人贾浩、包志林犯罪时未满18周岁，应从轻处罚。在共同犯罪中，被告人贾浩、乙然系主犯；被告人包志林系从犯，应从轻、减轻或免除处罚。被告人贾浩、包志林犯罪后有自首情节，亦可从轻处罚。被告人乙然刑满释放后五年内又犯罪，应从重处罚。本院为维护社会公共秩序，根据《中华人民共和国刑事诉讼法》第一百四十一条之规定，特提起公诉,请依法判处。

此致

天全市召阳区人民法院

检察员:蒋小蓉　唐硕

2005 年 9 月 25 日

长:三被告人,公诉人刚才宣读的起诉书听清楚了吗?

贾:听清楚了。

乙:听清楚了。

包:听清楚了。

长:下面分别进行法庭调查,先将被告人乙然、包志林带下法庭候审。被告人贾浩,你对起诉书指控你犯寻衅滋事罪的事实有无异议?

贾:没有。

长:现在由公诉人讯问被告人。

公:被告人贾浩,公诉人问你的问题,希望你能如实回答。

贾:好的。

公:你与丁新是否认识?

贾:以前不认识,在学校食堂吵架后才认识他的。

公:你与乙然、包志林是否认识?

贾:乙然是我在游戏机室认识的朋友,经常在一起打游戏机;包志林是我的同学,而且我们住在同一宿舍。

公:你与丁新有什么矛盾?

贾:在 9 月 11 日我在食堂买饭时,他没有排队,我说了他几句,他反而骂我,我们就发生了争吵,丁新还打了我一拳,后来被在场的老师劝阻,我心里不服气,心想是他不对,居然还敢打我,让我当众出丑,很没面子,就想教训他一下。

公:你想怎样教训他?

贾:当天晚上,我在游戏机室正好遇见乙然,就和他谈到中午的这件事,请他帮忙,他说帮我摆平。回宿舍后,我看见包志林,心想人多的话可以吓吓他,就喊包志林一起参加,包志林先不肯,我就骂他不上路子,后来他同意了。

公:你把打丁新的经过详细讲一遍。

贾:第二天下午快 4 点钟时,我就把乙然喊到学校,然后喊包志林一起在丁新回宿舍的路上守候,等了大约半个小时,看到丁新正好一个人回宿舍,我们三人就上前拦住了他,乙然甩了他一个耳光,骂他:"叫你嘴贱,打死你!"丁新一看不对,撒腿就跑,我们三个人就追上去,乙然从衣服内掏出一把这么长的砍刀,对他的头部砍了一刀,丁新当时捂着头就倒在地上,头部还流着血,我们三人上前又狠狠地踢了他几脚,丁新大喊"救命!"我们三人就跑出了校园。

公:你是怎么归案的?

贾:事发后,我和包志林心中十分害怕,不敢回宿舍,就在学校附近转了一个晚上,后来包志林对我说,我们还是去自首吧,我就同意了。我们第二天一早一起到学校自首了。

公:你现在对你的行为有什么认识?

贾:当时自己太冲动了,也没考虑到会造成这样的后果。

公:公诉人发问完毕。

长:辩护人有无问题要发问?

辩:被告人贾浩,你是哪年出生的?

贾:1988年5月17日。

辩:也就是说案发时你还未满18周岁?

贾:是的。

辩:2005年9月11日当天,你和丁新因为什么原因发生争吵?

贾:买饭排队时他插队。

辩:争吵过程中,谁先动的手?

贾:丁新先打我一拳。

辩:你有没有还手?

贾:没有。

辩:2005年9月12日下午,你喊乙然到学校,当时有没有叫他带刀?

贾:没有。

辩:在丁新受伤住院期间你是否去看过他?

贾:有的。

辩:有没有对其进行经济上的补偿?

贾:有的,我去看他时给了他500块钱。

辩:审判长,我没有问题了。

长:辩护人有没有需要向被害人发问的?

辩:有。

长:辩护人可以询问被害人。

辩:被害人丁新,在2005年9月11日中午就餐时,你和被告人贾浩发生了争吵,是不是?

丁:是的。

辩:因为什么原因发生争吵的?

丁:我当时有事着急,插了一下队,他就骂我。

辩:争吵过程中,是谁先动的手?

丁:我当时一着急,就打了他一下。

辩:贾浩有没有还手?

丁:他要还手打我时被老师和同学拉开了。

辩:你能否把三个被告人打你的经过详细陈述一遍?

丁:9月12日下午四五点钟,我在回宿舍路上,看见他们三个气势汹汹地向我走来,我当时就害怕了。那个胖一点的就是乙然,上来就给我一个嘴巴子,而且还狠狠地骂我。我连忙就跑。但他们还是追了上来,然后我就觉得头上被重重地击了一下,我当时就倒在地上。

他们还用脚踢我，我就喊救命，他们就跑了。最后我被送到了医院。

辩：在你住院期间，被告人贾浩是否去看望过你？

丁：有。

辩：有没有对你进行经济上的补偿？

丁：给了我 500 块钱。

辩：审判长，我没有问题了。

长：请法警将被告人贾浩带下法庭，将被告人乙然带上法庭。

长：被告人乙然，你对起诉书指控你的犯罪事实有无异议？

乙：没有。

长：下面由公诉人讯问被告人乙然。

公：被告人乙然，公诉人询问你的问题，希望你能如实回答。

乙：好的。

公：你与本案被害人丁新是否认识？

乙：以前不认识。

公：你与贾浩、包志林是否认识？

乙：贾浩是我在游戏机室认识的朋友，我们常在一起打游戏机。包志林在此事之前不认识。

公：你与丁新有矛盾吗？

乙：没有。

公：你不认识丁新，又与他无矛盾，为何要打他、砍他？

乙：我和贾浩打游戏机时，他说被他同学欺负了，要我帮他摆平，出于朋友义气，我就和他一起去了。我们打他时，他要跑，我一急就拿出刀就砍了他。

公：是贾浩让你带的刀吗？

乙：不是。

公：你为什么带刀？

乙：我……我当时也没想那么多。

公：被害人丁新头部的伤是你砍的吗？

乙：是的。

公：你还对他做了什么？

乙：我一开始打了他一记耳光，还骂了他，最后又踢了他两脚。

公：后来呢？

乙：后来我们就跑了，后来我就被公安机关抓了。

公：你以前有没有受过刑事处罚？

乙：有。2000 年曾因聚众斗殴罪被判处有期徒刑 3 年。

公：公诉人发问完毕。

长：被告人贾浩的辩护人是否需要对被告人乙然进行发问？

贾辩：不需要。

长:被告人包志林的辩护人是否需要对被告人乙然进行发问?

包辩:不需要。

长:请法警将被告人乙然带下法庭,将被告人包志林带上法庭。

长:下面由公诉人讯问被告人包志林。

公:被告人包志林,公诉人问你几个问题,请你实事求是地回答。

包:好的。

公:你认识丁新吗?

包:在此之前不认识。

公:你和贾浩、乙然是什么关系?

包:我和贾浩是同班同学,又住在同一个宿舍。在此事之前我不认识乙然。

公:你与丁新是否有矛盾?

包:没有。

公:那你为什么要和贾浩、乙然一起去打丁新呢?

包:是贾浩喊我去的。从内心讲我不想去,但是不去又怕别人说我不够朋友,所以就硬着头皮去了。

公:你把打丁新的经过详细讲一遍。

包:9月12日下午4点多时,贾浩喊我去打丁新,我不肯他就骂我不上路子,我就只好答应了。第二天下午4点多时,我们在丁新回宿舍的路上等了将近半小时,看到了丁新一个人回宿舍,我们三个人就上前拦住了他,乙然先打了他一个嘴巴子,还骂了他两句,丁新就赶快跑。贾浩和乙然追上去,我也跟了上去,乙然突然掏出刀砍丁新,丁新捂住流血的头倒在了地上,贾浩、乙然上前踢丁新,我也上去踢了一脚,丁新喊救命,我们三个人就跑了。

公:你是怎么归案的?

包:事发后,我特别害怕,不敢回学校,就在学校外面转。我越想越害怕,越想越后悔,就劝贾浩去自首。于是第二天一大早我就和贾浩一起去学校自首了。

公:你对你的行为有什么认识?

包:我错了。我盲目讲"朋友"义气,我当时是应该劝止贾浩的,我很后悔。

公:公诉人发问完毕。

长:辩护人有无问题要发问?

辩:有。

长:辩护人可以询问被告人。

辩:你是哪年出生的?

包:1988年7月8日。

辩:也就是说,打丁新时你还不满18周岁是不是?

包:是的。

辩:整个事件过程中,你打了丁新几下?怎么打的?

包:我就在最后用脚踢了他一脚,还没敢重踢他,就是意思地踢了一下。

辩:你知道乙然带刀了吗?

包:不知道。

辩:审判长,没有问题了。

长:带被告人贾浩、乙然上庭。

长:下面由公诉人就指控的犯罪事实向法庭举证。

公:公诉人就起诉书指控的犯罪事实向法庭举证,证明本案的证据有:

在卷宗第一册、第三册第20页、21页、22页,有被告人贾浩、乙然、包志林的供述和当庭三被告人的供述一致,在此不再宣读。

在卷宗第二册第38页、39页,有门诊病历证明被害人丁新头部长达8厘米的刀口,被害人医药费单据15张,计2 500元。

长:请法警将此份证据出示给被告人、辩护人及法庭。被告人有无意见?

贾:没有。

乙:没有。

包:没有。

长:辩护人有无意见。

两辩:没有。

长:公诉人继续举证。

公:在卷宗第二册第43页有法医鉴定一份。

活体损伤鉴定书

天公刑活体检字〔2005〕第38号

被检验者:丁新,男,17岁。天全市召阳区人。

分析意见:根据人体轻伤鉴定标准,被检验者丁新之损伤符合第32条规定,构成轻伤。

鉴定结论:丁新之伤为轻伤。

检验人:王飞(主任医师)　许平(法医师)

长:被告人贾浩、乙然、包志林,公诉人刚才宣读的鉴定书听清楚了吗?有无意见?

贾:听清楚了,没有意见。

乙:听清楚了,没有意见。

包:听清楚了,没有意见。

长:被告人贾浩辩护人有无意见?

贾辩:没有意见。

长:被告人包志林辩护人有无意见?

包辩:没有。

长:公诉人继续举证。

公:现在公诉人宣读公安机关提取的笔录:

2005年9月12日下午,我局值班民警张浩、李士华接到联想职业高中的报警,两位民警立即赶赴现场,见一学生倒在地上,当即送伤者到医院救治并从现场提取砍刀一把。后经鉴定刀上有新的血迹,刀柄有乙然的指纹。

天全市召阳区公安分局

2005年9月13日，公诉人现在向法庭申请出示物证砍刀一把，请法庭准许。

长：本庭准许，请法警向被告人乙然、辩护人及法庭出示。

乙：是这把刀。

长：请法警将刀交还公诉人(法警将刀呈交给审判长和人民陪审员后交还给公诉人)。

长：被告人乙然，你是用这把刀砍的丁新吗？

乙：是的。

长：辩护人有无意见。

两辩：没有。

长：公诉人继续举证。

公：在卷宗第三册第61页，有联想职业高中出具的证明证实被告人贾浩、包志林到学校自首。在卷宗第一册第30页有三被告人的户籍证明，证实被告人贾浩、包志林案发时不满18周岁。在卷宗第三册第43页有召阳区人民法院出具的判决书和天全市少管所出具的释放证，证实被告人乙然曾于2000年1月10日因聚众斗殴罪被判处有期徒刑3年。于2003年1月9日刑满释放。公诉人举证完毕。

长：被告人贾浩对上述举证有无异议？

贾：没有。

长：被告人乙然对上述举证有无异议？

乙：没有。

长：被告人包志林对上述举证有无异议？

包：没有。

长：被告人有无证据向法庭提交？

贾：没有。

包：没有。

乙：有。这里是我家人代我赔偿给被害人丁新的医疗费，营养费3 500元的收条。

长：请法警向辩护人、被害人丁新及公诉人、法庭出示该收条。被害人对此份收条有无异议？

丁：没有。

长：公诉人对此份收条有无异议。

公：没有。

长：被告人贾浩辩护人有无证据向法庭提交？

贾辩：有。现提供贾浩在校表现情况证明一份，证明贾浩平时表现尚可，并无前科劣迹，该次犯罪属初犯、偶犯。

长：公诉人对此证明有无异议？

公：没有。

长：被告人包志林辩护人有无证据向法庭提交？

包辩：有。现提供被告人包志林所属居委会提供的平时表现情况证明包志林平时表现较好，能尊老爱幼，乐于助人等。居委会愿意对其帮助教育。

长:公诉人对此证明有无异议?

公:没有。

长:控辩双方是否还有证据向法庭提交?

公:没有。

贾辩:没有。

包辩:没有。

乙:没有。

法庭辩论

长:法庭调查结束,下面进行法庭辩论。首先由公诉人致公诉词,鉴于本案被告人贾浩、包志林涉嫌犯罪时尚未成年,在此请公诉人对两位未成年人进行法庭教育。

长:法庭辩论结束。鉴于被告人贾浩、包志林犯罪时尚未成年,现在由法庭对二被告人进行法庭教育。

公:审判长、人民陪审员,根据《中华人民共和国刑事诉讼法》第一百五十三条、第一百六十条、第一百六十五条、第一百六十九条之规定,我受天全市召阳区人民检察院的指派,代表本院以国家公诉人的身份出席法庭,支持公诉,并对刑事诉讼实行法律监督,现就本案的事实、证据发表以下公诉意见,请法庭注意:

一、三被告人的行为构成寻衅滋事罪。

我国《刑法》规定的寻衅滋事罪是指在公共场所无事生非,起哄闹事,随意殴打、追逐、拦截、辱骂他人,强拿硬要,任意损毁、占用公私财物。破坏公共秩序,情节恶劣或者后果严重的行为。该罪在主观方面为故意,犯罪动机呈多样性,如有的是为了逞强争霸,显示威风;有的是为了发泄不满,报复社会;有的是为了开心取乐,寻求精神刺激,获取某种精神上的满足。该罪在客观方面具体表现为四个方面,如随意殴打、追逐、拦截、辱骂他人,强拿硬要或任意损毁、占用公私财物,在公共场所起哄闹事等。该罪侵犯的客体是公共秩序,所谓公共秩序,是指人们在社会公共生活中应当遵守的共同准则。本案中被告人贾浩因与丁新发生口角,为了逞强争霸,显示威风,纠约无业青年乙然和同学包志林在校园内对丁新实施殴打,并致丁新轻伤,他们公然蔑视法纪和社会公德,不仅侵犯了被害人的人身权利,更破坏了社会公共秩序,他们的行为均已触犯《中华人民共和国刑法》第二百九十三条第一项之规定,构成寻衅滋事罪。

二、量刑情节。

1. 被告人贾浩、包志林犯罪时未满 18 周岁,依法应从轻处罚。

2. 在共同犯罪中被告人贾浩提起犯意,且主动约他人;被告人乙然积极实施殴打,均起主要作用,系共同犯罪的主犯;被告人包志林虽参与该起犯罪,但作用较轻,在共同犯罪中起次要作用,系从犯,应从轻、减轻或免除处罚。

3. 被告人贾浩、包志林犯罪在案发后主动投案,并如实交代所犯罪行,符合自首的条件,可以从轻处罚。

4. 被告人乙然刑满释放后五年内又犯罪,系累犯,应从重处罚。被告人乙然归案后认罪态度较好,且积极赔偿被害人经济损失等,可以酌情从轻处罚。

鉴于被告人贾浩、包志林犯罪时尚未成年，现公诉人对二被告人进行法庭教育。

被告人贾浩、包志林。公诉人今天代表国家对你们提起公诉。看着你们那稚嫩的脸孔，无助的眼神，公诉人心中无比沉重。法网恢恢、犯罪必惩。我国《刑法》规定：已满16周岁的公民犯罪，应当负刑事责任。青少年是祖国的未来，民族的希望。而年仅17岁的你们却给自己的人生抹上了污点。正处于成长阶段的你们，心理上尚未成熟，对生活中的琐事往往斤斤计较，耿耿于怀。狭窄的心胸，激化了你们的冲动，为报复而大打出手，却不知后果的严重性。你们的行为不仅侵害了他人的健康权利，给他人带来身体上、精神上的痛苦，也使你们为你们的行为付出了惨重的代价。今天，挚爱你们的父母，培育你们的老师，关心你们的同学都为你们伤痛不已。法治社会的今天，法律面前人人平等。“己所不欲，勿施于人”“欲人爱己，必先爱人”，你们在积极学习法律的同时更要注重学习公民道德，发扬中华民族的传统美德，抛弃错误的思想观念，虽然你们今天涉嫌犯罪，但你们不要心灰意冷，只要你们勇敢地站起来，努力提高自身素质，培养良好人格，良好性格，良好品格，胸怀坦荡，乐观开朗，志存高远，言行一致，热爱生活，情感淳朴，自尊自爱，尊重他人，乐于助人，并积极学习法律，相信，你们很快就会回到社会温暖的大家庭中来！你们的前途仍然一片光明，辉煌的人生正等着你们用双手去构建。

长：被害人发言。

被害人：在这件事的起因上，我也有一定的过错，如果当时我能客气一点、忍让一点，事情就不会发生，所以我觉得同学之间应当相互宽容、相互理解，遇事要冷静，不要冲动，希望其他同学和我们一样，都能从这件案件中吸取教训。

长：依据法律规定，被告人可以自行辩护，首先由被告人贾浩自行辩护。

贾：我没有叫乙然带刀。

长：被告人贾浩的辩护人为被告人贾浩辩护。

贾辩：尊敬的审判长、人民陪审员：

根据《中华人民共和国刑事诉讼法》第32条、第33条的规定，在本案被告人贾浩父母的委托下，本人受丽人律师事务所的指派，依法出庭担任被告人贾浩的辩护人。

本辩护人受理本案后，在公安机关进行侦查时便介入此案，通过会见被告人并对其所提出的问题进行了解答。针对被告人紧张、焦虑的思想状态进行了耐心的法制教育，告之在侦查起诉阶段要实事求是的供述案情，积极配合司法人员的讯问，争取从宽处理。

通过阅卷及必要的社会调查，本辩护人对起诉书指控的被告人贾浩犯寻衅滋事罪的事实定性无异议，现就被告人贾浩所具备的法定从轻、减轻情节以及酌定从轻情节，发表辩护意见如下：

一、被告人贾浩犯罪时未满18周岁，应当从轻处罚。

二、被告人贾浩犯罪后自动投案，如实供述犯罪事实，符合自首条件，也可以从轻处罚。

三、被告人贾浩系初犯、偶犯，且无前科劣迹，其犯罪后能真诚悔罪，确有痛改前非、重新做人的决心，学校、家庭都愿意对其进行帮助教育。我坚信法律的神圣与公平，期待着贵院依法对我的当事人作出公正的裁判，给被告人贾浩一个重新做人的机会，建议对其适用缓刑，他毕竟还是个孩子。

希望未成年被告人贾浩以及旁听人员能从本案中吸取教训，在以后的成长道路上，认真学习法律知识，注重个人品格修养的提高，尊重他人的合法权益。不要沉迷于网络游戏，培养正确的是非荣辱观，善交良友，相互宽容、相互理解，正确处理生活中遇到的矛盾，顺利完成自己的学业，实现自己的人生理想！辩护意见发表完毕，谢谢！

长：被告人乙然可以自行辩护。

乙：是贾浩让我去帮他的，我知道我错了，我不该去，更不该带刀去砍丁新。请法庭看在我年轻，比较容易冲动，又积极赔偿受害人的表现上，对我从轻处罚，给我一个改过自新的机会！

长：被告人包志林你可以自行辩护。

包：我只踢了他一脚，为何也构成犯罪？

长：被告人包志林的辩护人为被告人包志林辩护。

包辩：尊敬的审判长、人民陪审员：

受本案被告人包志林父母及包志林本人的委托，本律师受长城律师事务所的指派，依法担任被告人包志林的辩护人。经多次会见被告人，调查取证，阅读案卷材料，查阅相关法律文本，尤其是今天参与庭审，本辩护人对起诉书指控的被告人包志林犯寻衅滋事罪的事实，定性无异议，现就被告人包志林所具备的法定从轻、减轻情节以及酌定从轻情节，发表辩护意见如下：

一、被告人包志林犯罪时未满 18 周岁，应当从轻处罚。

二、被告人包志林犯罪后自动投案，如实供述犯罪事实，符合自首条件，也可以从轻处罚。

三、被告人包志林在本案作用较小，系从犯，应从轻、减轻或免予刑事处罚。

综上，被告人包志林具有三个法定从轻、减轻处罚的情节和一个酌定从轻处罚情节，建议法庭对被告人包志林免予刑事处罚。

辩护词发表完毕，鉴于被告人包志林犯罪时未满 18 周岁，请法庭允许本辩护人对其进行法庭教育：

正如你自己所说，未成年被告人包志林，站在今天这个被告席上，你也许很后悔，也有些迷惑“我就是和他们一起去助了一下威，而且只轻轻踢了一脚怎么就成为被告接受审判呢”。法律是无情的，但只要我们好好遵守它，“勿以恶小而为之，勿以善小而不为”的古训，你还记得吗？你此次的失足就在于你没有正确认识到事情的严重性。这就要求你在今后的人生旅程上，学法，知法，守法。用法律保护自己的合法权益。同时也要尊重他人的合法权益。要坚持正确的做人原则，做自己的主人。不要被他人所左右、利用，不要盲从。古人亦说：“失之毫厘，谬以千里。”所以你要从本案中吸取教训，不必悲观失望，而要时刻矫正自己的人生目标，树立积极向上的价值观，把握好自己，相信你的明天依然阳光灿烂。谢谢！

长：公诉人就被告人包志林提出的辩护意见进行答辩。

公：虽然被告人包志林没有像贾浩那样提起犯意纠约他人，也没有向乙然那样持刀伤人，但由于本案是一起共同犯罪，三被告人事前有共同的犯罪故意并共同实施了寻衅滋事的行为，三被告人对其所造成的后果要共同承担刑事责任。因此被告人包志林的行为构成寻衅滋事罪。鉴于三被告人在共同犯罪中的作用不一样，本案将被告人包志林认定为从犯，在量刑时应当予以区别对待。

长：被告人包志林，还有何辩护意见？

包：没有。

长：辩护人还有何辩护意见？

包辩：没有。

长：经过这一轮的法庭辩论，控辩双方的意见已充分阐述，法庭也已记录在案。法庭辩论结束。根据法律规定，被告人享有最后陈述权。被告人贾浩有何要向法庭陈述的？

贾：尊敬的审判长、人民陪审员，通过本次庭审，使我认识到违法犯罪给被害人、家庭、社会所带来的危害，同时也给自己的人生抹上了污点，我一定吸取这次教训，做一名守法的公民。

长：被告人乙然有何要向法庭陈述？

乙：希望从轻处罚。

长：被告人包志林有何要向法庭陈述？

包志林：尊敬的审判长、人民陪审员，通过庭审，使我知道了朋友义气并非是所谓的"江湖义气"，不能为了发泄自己的私愤或者寻求刺激去实施危害社会的行为。我以后一定会多学法律知识，使自己知法守法，在朋友违法的时候还应用法律来消除他们违法的念头。

长：被告人贾浩的法定代理人可以发言。

贾代：没有。

长：被告人包志林的法定代理人可以发言。

包代：没有。

长：现在宣布休庭，合议庭进行评议，将三被告人带下法庭。

（合议庭评议）

长：将三被告人带上法庭。

（敲锤）现在继续开庭，下面宣布合议庭评议结果。

合议庭经过合议认为：

起诉书指控被告人贾浩、乙然、包志林犯寻衅滋事罪的事实清楚，证据确实、充分，足以认定被告人贾浩、乙然、包志林无视法纪，在公共场所随意殴打他人，致人轻伤，情节恶劣，其行为均已触犯《中华人民共和国刑法》第二百九十三条第一项之规定，构成寻衅滋事罪。

合议庭在量刑时考虑到：被告人贾浩、包志林犯罪时未满 18 周岁，且有自首情节，应当从轻处罚；被告人包志林在共同犯罪中系从犯，应从轻、减轻或免除处罚。被告人乙然刑满释放后五年内又犯罪，属累犯，应从重处罚。鉴于被告人贾浩归案后能认罪悔罪，而且学校、家庭都愿意对其进行帮教，依法对贾浩可适用缓刑，被告人包志林犯罪情节轻微，对包志林可免于刑事处罚。

鉴于被告人贾浩、包志林犯罪时尚未成年，现由法庭对二被告人进行法庭教育：

今天站在被告席上的贾浩、包志林本应和同学们一起坐在课堂上聆听老师的教诲，但为什么你们会站在被告席上接受审判呢？翻开你们的档案，我们看不到有任何受过违法，甚至学校处分的记录；走访学校，你们表现虽不算优秀，但也算得上是一名合格的学生；询问你们的父母，你们也是让父母骄傲和放心的孩子，但究竟是什么原因让你们俩走上犯罪道路呢？

（1）从本案的起因看，你们与被害人本无冤无仇，仅因一句口角，便怀恨在心，对被害人进行报复，该案集中反映了未成年人的心理特点，即感情多于理智，易于冲动，情绪容易失控，犯罪偶发性强。虽然犯罪的发生具有一定的偶然性，但是两被告人走上犯罪道路却也存在必然性。因为，两被告人平时忽视对法律的学习，不学法，怎能知法？不知法怎能够守法？如果你们知法，就应该知道你们行为的性质，知道你们的行为会损害他人生命健康，知道你们会因此接受法律的制裁而丧失公民最基本的权利——人身自由，知道你们的父母会因此而日夜伤心流泪，知道老师同学会为你们的前途惋惜不已，如果你们知法，你们一定会放弃这一违法犯罪的念头，去正确处理所遇到的矛盾。

（2）交友不善。常言道："近朱者赤，近墨者黑。"与行为不端的人员交往，必然会受到他们错误的人生观、错误的思想、错误的行为影响，由于未成年人心理上有一定依附性，从行为上看来有一定的附随性，很容易接受外界不良条件的影响，不知不觉就走上违法犯罪的道路。而本案贾浩就是由于平时在游戏室里结交了一些品行不端的人员，在潜移默化中，他为人处事的方法、他的性格都受到这些人的影响，以至于他今天走上了被告席。

（3）讲朋友"义气"，不讲法制道德。正如包志林所供述的"从内心讲，我不想去，但是不去又怕别人说不够朋友，所以硬着头皮去了"。

所谓朋友义气应当是指正义、正气，而绝非封建社会所残留的那种相互制约、相互影响、共同危害社会的江湖义气，包志林尤其应当吸取这次教训，见到朋友有违法行为，要去制止他、帮助他，使他及时改正，而非纵容他，甚至与他一起共同违法犯罪，共酿犯罪的苦果。

贾浩、包志林虽然你们这次犯了罪，但你们今后的人生道路还很漫长，你们要记住：在哪里跌倒的，就在哪里爬起来，今后你们一定要好好地把握住自己人生的方向盘，使它不再偏航。

长：你们两被告人是否听清？

贾浩：听清了。

包志林：听清了。

长：下面法庭进行宣判。

（法庭人员起立）

长：依据《中华人民共和国刑法》第二百九十三条第一项，第二十五条第一款，第二十六条第一款、第四款，第二十七条，第十七条第一款、第三款，第六十七条第一款，第六十五条，第七十二条第一款，第七十三条第二款、第三款，第六十四条之规定，判决如下：

一、被告人贾浩犯寻衅滋事罪，判处有期徒刑一年，缓刑一年。

二、被告人乙然犯寻衅滋事罪，判处有期徒刑两年。

三、被告人包志林犯寻衅滋事罪，免予刑事处罚。

四、随案移送的作案工具砍刀一把予以没收。

如不服本判决，可在接到判决书第二天起十日内，向天全市中级人民法院提出上诉。

现在闭庭！（敲锤）将三被告人带下法庭。

（审判人员、公诉人、被害人、辩护人退庭）

参考文献

[1] 社会主义核心价值体系学习读本. 2 版. 北京:中共党史出版社,2009.

[2] 张君劢,胡适,梁启超. 科学与人生观. 北京:中国致公出版社,2009.

[3] 汝信,陆学艺,李培林. 社会蓝皮书:2012 年中国社会形势分析与预测. 北京:社会科学文献出版社,2012.

[4] 侯惠勤. 正确世界观人生观的磨砺:马克思主义著作精要研究. 2 版. 南京:南京大学出版社,2002.

[5] 邹伟建,杨党校. 思想道德修养与法律基础辅助读本. 北京:北京理工大学出版社,2010.

[6] 吕志,黄丽春. 思想道德修养与法律基础课实践教学活动指导. 广州:暨南大学出版社,2011.

[7] 高静. 外国人是怎样环保的. 长春:吉林人民出版社,2009.

[8] 蔡守秋. 人与自然关系中的伦理与法. 长沙:湖南大学出版社,2009.

[9] 白平则. 人与自然和谐关系的构建:环境法基本问题研究. 北京:中国法制出版社,2006.

[10] 老子. 道德经. 李择非,整理. 沈阳:万卷出版公司,2009.

[11] 邢春宁,刘旺宏. 法律的原理与应用案例读本. 南京:南京师范大学出版社,2007.

[12] 艾·弗洛姆. 爱的艺术. 李健鸣,译. 上海:上海译文出版社,2008.

[13] 派克. 少有人走的路:心智成熟的旅程. 于海生,译. 2 版. 长春:吉林文史出版社,2007.

[14] 杨立新. 民法案例实训讲义. 北京:中国人民大学出版社,2011.

[15] 黄斌. 思想道德修养与法律基础学习指导. 南京:东南大学出版社,2008.

[16] 苏建永. 思想道德修养与法律基础学生辅学读本. 北京:经济科学出版社,2010.

[17] 李海峰. 思想道德修养与法律基础——大学生成才必读. 北京:科学出版社,2010.

[18] 金筱萍,程凌. 思想道德修养与法律基础教学案例. 武汉:武汉大学出版社,2010.

[19] 张波. 经济法实务. 北京:机械工业出版社,2010.

[20] 张彬. 法律基础. 北京:机械工业出版社,2004.

[21] 叶虹. 大学生创业法律实务. 北京:清华大学出版社,2009.

[22] 吴兴富. 思想政治理论案例精选. 南京:东南大学出版社,2010.

[23] 吴兴富,李晓萍. 职业道德与就业指导概论. 南京:东南大学出版社,2008.

[24] 戴士弘,毕蓉. 高职教改课程教学设计案例集. 北京:清华大学出版社,2007.

[25] 伊兹拉莱维奇. 当中国改变世界. 姚海星,等,译. 南京:中信出版社,2005.

[26] 王言根. 学会学习——大学生学习引论. 南京:教育科学出版社,2008.

[27] 习近平. 习近平谈治国理政. 北京:外文出版社,2018.